ULLRICH / GRONEMEYER • HABEN ODER SEIN!?

DIE EDITION KUNST | WISSENSCHAFT | GESELLSCHAFT
QUER DENKEN IM WIESER VERLAG
WIRD HERAUSGEGEBEN VOM
UNIVERSITÄTS.CLUB | WISSENSCHAFTSVEREIN KÄRNTEN
UNTER DER LEITUNG VON
HORST PETER GROß

Universitäts.club|Wissenschaftsverein Kärnten
Alpen-Adria-Universität Klagenfurt
Universitätsstraße 65–67
9020 Klagenfurt
ClubBüro: +43 463 2700-8715
E-Mail: uniclub@aau.at
www.uniclub.aau.at

Wolfgang Ullrich

Wie sind Konsumprodukte gemacht – und was machen sie aus uns?

•

Marianne Gronemeyer

Dem Konsumismus trotzen! – Das Abseits als wirtlicher Ort

Edition
Kunst|Wissenschaft|Gesellschaft
Quer denken
im
Wieser Verlag

Die Publikation dieses Bandes wird durch die
Stadt Villach *gefördert.*

Wieser Verlag GmbH

A-9020 Klagenfurt/Celovec, 8.-Mai-Straße 12
Telefon +43(0)463 37036, Fax +43(0)463 37036-90
office@wieser-verlag.com
www.wieser-verlag.com

Korrektorat: Josef G. Pichler
ISBN 978-3-99029-142-9

Haben oder Sein?!

Mensch im Dilemma zwischen Konsumismus und gesellschaftlicher Verantwortung. Eine Einleitung.[1]

Das allseits beschworene, notwendige Wirtschaftswachstum auf Basis einer Bedürfnisbefriedigung, die sich weitestgehend über den Kauf von Produkten vollzieht – das ist wohl der wahrscheinlich prägnanteste Nenner einer wachstumsorientierten ökonomischen Gesellschaft, die zunächst einmal durchaus als eine wesentliche kulturelle Leistung angesehen werden kann, weil sie einen unglaublichen Entwicklungsfortschritt gebracht hat. Im Sog der Aufklärung und im Sinne der Wahrnehmung menschlicher Freiheit und Machtentfaltung hat sich der Mensch der Neuzeit von Aberglauben und religiöser Bevormundung befreit und so seine Individualisierung ermöglicht. Ein System von »Eigentum und Produktion« hat vielfältige Wünsche erfüllt, breiten Wohlstand geschaffen und vielfach auch Reichtum beschert. Heute können sich viel mehr Menschen als je zuvor vieles kaufen und leisten, was früher ein unerfüllter Traum war. Genau das macht das kapitalistische Wirtschaftssystem weltweit so attraktiv.

Doch dieses System ist spätestens seit Beginn der Wirtschaftskrise 2008 – gelinde gesagt – ins Stottern geraten, vielleicht nicht einmal so sehr deswegen, weil es versagt hat, sondern unter Umständen gerade deshalb, weil es so erfolgreich war?

Denn einerseits erweist sich dieses System als eines, das inzwischen bereits alles zur Ware macht und vermarktet, andererseits aber auch über ständig steigenden Konsum angekurbelt werden *muss*. Die zu Konsumenten reduzierten Menschen sollen, ja

[1] Adaptierte Version meines Einleitungstextes im Folder des Top-Management-Symposiums 2014.

müssen in immer kürzeren Abständen immer wieder und möglichst mehr kaufen, um das erforderliche Wirtschaftswachstum beständig weiter anzukurbeln und dadurch das gesamte System am Laufen zu halten. Dabei geht es längst nicht mehr um das Notwendige, die Abdeckung der Grundbedürfnisse oder den kleinen Luxus, den man sich aus besonderem Anlass ab und zu einmal gönnt. Im Gegenteil. Wir konsumieren und kaufen am laufenden Band und glauben vielfach, immer das Neueste und Beste haben zu müssen, frei nach dem Motto »Ich kaufe, also bin ich«.

Es ist heute praktisch nicht mehr möglich, *kein* manipulierter Konsument zu sein. Dafür setzt eine gigantische Werbeindustrie ihre gesamte Kreativität und alle erdenklichen Mittel ein. Immer billiger zu produzieren (d. h. dort, wo die Löhne und Umweltauflagen am niedrigsten sind) und immer mehr zu verkaufen (wenn möglich auf dem Weltmarkt), wurde zur Maxime eines als Selbstzweck ausgerichteten Wirtschaftsverständnisses, das alles, selbst Mensch und Natur, zu kommerziell verwertbarer Ware macht.

Im Dienste des scheinbar »alternativlosen« globalen Wirtschaftswachstums und des damit verbundenen immens steigenden Rohstoff- und Energiebedarfs werden weltweit Natur- und Lebensräume für kommerzielle Zwecke vereinnahmt und zerstört. Davon sind inzwischen auch die Menschen in den wirtschaftlichen »Entwicklungsländern« erfasst, denen über die Werbung in den global vernetzten Medien das Bild eines besseren Lebens nach konsumgesellschaftlichem Muster vermittelt wird. Infolge dieses zweifelhaften Glücksversprechens einer globalen Leistungs- und Konsumgesellschaft werden sie kulturell entwurzelt und dem Diktat des Geldes ausgesetzt, weil sie ihre Arbeitskraft zu Preisen und Bedingungen zu Markte tragen (müssen), durch die sie sich de facto versklaven. Das erhoffte neue und gute Leben, dem sie im wahrsten Sinne des Wortes nachlaufen, sieht anders aus als in der Werbung und in den Medien, und es ist für den Großteil der Menschen dieser Welt auf diese Weise nicht zu erreichen.

Doch auch diese Form der Ökonomie stößt an (ihre) Grenzen: Unter Effizienz- und Kostendruck in der industriellen Produktion, aber auch im Hinblick auf den konsumsteigernden Billigwahn eines »Happy-Hour-Marketings« (»Geiz ist geil«, »Ich bin doch nicht blöd«) wurden und werden weiterhin Arbeitsplätze in Billiglohnländer ausgelagert. Um immer billiger zu produzieren, wird konsequent automatisiert, Personal abgebaut sowie Umwelt- und Sozialdumping betrieben.

Über diesen ideologisch bedingten »Kaputt-Spar-Mechanismus« wird aber auch der europäische Sozialstaat, der als besondere kulturelle Errungenschaft (eine einstige soziale Innovation!) viel eher als globales gesellschaftliches Vorbild dienen sollte als die unwürdige neoliberale Reduktion des Menschen als wirtschaftlicher Produktions- und Kostenfaktor, massiv untergraben und sukzessive abgebaut.

Damit wird eine fatale Spirale nach unten in Gang gesetzt: Steigende Arbeitslosigkeit und zunehmende prekäre Beschäftigungsverhältnisse belasten nicht nur die öffentlichen Haushalte. Immer mehr Menschen verfügen über immer weniger Geld und sind nun notgedrungen auf die propagierten Rabatte und Billigangebote angewiesen, womit dieser »Teufelskreis« immer weiter angekurbelt wird. Doch damit beraubt sich die Wirtschaft selbst jener kaufkräftigen Konsumenten, die sie für ihr systembedingtes ständiges Wachstum dringend benötigt.

Mit diesem Widerspruch, billig zu kaufen, aber zugleich einen Arbeitsplatz mit einem angemessenen Einkommen haben zu wollen, leben die Menschen heute in unserer überbordenden Weltgesellschaft, ohne auch nur annähernd eine angemessene Antwort auf dieses Dilemma zu haben. Denn niedrige Preise produzieren niedrige Löhne und vernichten Arbeitsplätze, vielfach sogar ihre eigenen.

Sind ständig steigender Konsum und unsere »Geiz-ist-geil-Mentalität« tatsächlich ein wirksames Mittel gegen die Wirtschaftskrise oder macht diese »Schnäppchenjagd« nicht vielmehr unseren Wohlstand wie auch die Umwelt kaputt? Als Konsumenten bzw. Kunden müssen wir uns die Frage stellen, ob wir damit nicht etwas fordern, was wir als verantwortungsbewusste Bürger nicht tolerieren: nämlich Niedriglöhne, Stellenabbau, soziale Spaltung und Umweltzerstörung.

Denn Hand in Hand mit der Tatsache, dass viele Konsumgüter immer kurzlebiger werden und der Anteil von Einweg- bzw. Wegwerfprodukten ständig zunimmt, werden immer mehr natürliche Ressourcen benötigt und wird immer mehr Natur zerstört. Parallel dazu wachsen weltweit die Müllberge. Gleichzeitig können sich immer weniger Menschen qualitativ hochwertige, langlebige Produkte leisten, bei denen sich eine Reparatur noch »auszahlen« würde.

Dasselbe gilt offensichtlich auch für die auf ständigem Produktions- und Konsumwachstum basierende Weltökonomie. Daher ist es nicht verwunderlich, dass in einer Zeit, in der die Forderungen nach einer »nachhaltigen globalen Entwicklung« und der »gesellschaftlichen Verantwortung« von Unternehmen immer lauter artikuliert werden, gleichzeitig auch das umstrittene, weil diesen Zielen völlig entgegenwirkende Phänomen der »geplanten Obsoleszenz« wieder auftaucht. Dieses »Konzept« wurde als mögliche wirtschaftspolitische Lösung zur Beendigung der großen Depression im Zuge der Weltwirtschaftskrise zu Beginn des 20. Jahrhunderts diskutiert und taucht heute, beispielsweise als Abwrackprämie im Zusammenhang mit dem Neukauf von Produkten, wieder auf. Andererseits wird der nutzungs- und altersbedingte Verschleiß von Gütern durch die Produzenten so kalkuliert und gesteuert, dass der Absatz ihrer Produkte in immer kürzeren

Zeitabständen notwendigerweise angekurbelt und systematisch sichergestellt wird. Reparatur ist in diesem Wegwerfkonzept nicht mehr vorgesehen. »Aus betriebswirtschaftlicher Sicht ist die Strategie der geplanten Obsoleszenz zweifellos clever [...]. Auch aus volkswirtschaftlicher Sicht scheint Obsoleszenz Sinn zu machen, denn nur wenn wir allesamt wie die Irrsinnigen konsumieren, erhalten wir jenes sehnsüchtig erwartete *wirtschaftliche Wachstum* [...]. Global gesehen ist geplante Obsoleszenz unter den gegebenen Produktionsbedingungen jedoch an Hirnrissigkeit kaum zu überbieten.«[2]

»Freiheit und Glück durch Konsum« war das Marketingkonzept der Fünfzigerjahre des 20. Jahrhunderts, die durch eine grenzenlos optimistische Aufbruchsstimmung nach dem Zweiten Weltkrieg gekennzeichnet waren. Heute konsumieren und verbrauchen wir so viel wie keine Gesellschaft vor uns und fühlen uns dennoch nicht glücklicher. Im Gegenteil. Unterschiedlichsten, zum Teil existenziellen Unsicherheiten globalen Ausmaßes scheinbar ohnmächtig ausgeliefert, steigt mittlerweile vielmehr die Angst vor der Zukunft.

Stecken wir angesichts dessen nicht offensichtlich in einer Systemkrise dieser dominanten »Kulturgestalt Wirtschaft«, die von Konsumentenseite her nicht gelöst werden kann – auch nicht durch einen ökologisch korrekten Konsum, der von vielen als hoffnungsvolle Lösung angesehen wird? Allein auf die Macht der Konsumenten zu setzen, wäre eine Illusion und maßlose Überforderung! Die Möglichkeit, zum mündigen Konsumenten zu werden, ist zu komplex, für die Mehrheit zu teuer und vor allem zu zeitaufwendig. Die Verantwortung für eine (globale) nachhaltige Entwicklung kann nicht auf die Einzelnen und das individuelle Gewissen allein abgeschoben

[2] Schmidt-Salomon, Michael: Keine Macht den Doofen. Eine Streitschrift. Piper Verlag, München, 8. Auflage 2014, S. 48.

werden, wenn gleichzeitig mächtige strukturelle Konzerninteressen die globalen Spielregeln bestimmen. Gegen deren massive systemimmanente Beharrungstendenzen und ihre Versuche, das »Weiter-wie-bisher« möglichst lange beizubehalten (zumindest solange die Profiteure dieser Situation damit noch gute Gewinne machen können), braucht es vielmehr eine kollektive Bündelung der Kräfte und eine demokratisch institutionalisierte Vertretung der Anliegen, die dem Diktat der Privatisierung öffentlicher (d. h. gemeinschaftlicher) Güter ein notwendiges Maß an Orientierung am Gemeinwohl und den langfristigen Schutz der natürlichen Lebensgrundlagen entgegenstellen.

Eine solche kollektive demokratisch verankerte Kontrolle muss über die vereinzelten Versuche »zivilgesellschaftlicher Notwehr« hinausgehen und eine neue, partnerschaftliche Ebene der Kommunikation mit der Politik und dem Wissenschaftssystem erreichen, um dem Diktat des Finanzkapitalismus zu entkommen. Doch eine funktionierende, ernsthafte und seriöse Diskussion hinsichtlich einer »nachhaltigen« Neuorientierung des Umgangs mit Umweltgütern wie Energie, Wasser und Rohstoffen etc. steht auf politischer – und vielfach leider auch auf wissenschaftlicher – Ebene offensichtlich aus, wie (nicht nur) die laufend scheiternden Klimakonferenzen belegen.

Vielleicht liegt dies daran, weil es im Grunde um viel mehr geht? Weil damit verbunden dieses kapitalistische System, das mit seinen Produkten, Versprechungen und Verführungen so attraktiv ist und so viele Annehmlichkeiten bereitstellt, insgesamt zur Diskussion steht? Weil es scheinbar auch um grundlegende Alternativen zu unseren gegenwärtigen globalen Wirtschafts-, Konsum- und Lebensformen geht, die vielfach als alternativlos dargestellt werden? Im philosophisch-aristotelischen Sinn geht es gleichsam um eine neue Gewichtung zwischen »Bedürfnisgerechtigkeit« und »Leistungsgerechtigkeit« angesichts unserer globalisierten und vernetzten Welt, in der Wohlstand für alle suggeriert wird, tatsächlich aber die Kluft zwischen Arm und Reich immer weiter auseinanderdriftet. Unter philosophischem Blickwinkel geht es um die Frage nach dem »guten Leben« oder, moderner gesprochen, um jene Lebensqualität, die wir in unserer heutigen Welt brauchen, wollen und somit auch global sicherstellen müssen. Im Grunde geht es um die Frage, ob und wie anstelle des materialistischen »HABEN-Wollens« einer finanzkapitalistisch unersättlichen, konsumsteigernden Wachstumsökonomie eine bedürfnisgerechtere Kultur Platz greifen kann, in der sich das Glück, die Identität und das Leben der Menschen im Sinne von Erich Fromm verstärkt an einem entschleunigenden »SEIN-Können« orientieren können.

Wie Konsumprodukte heute inszeniert werden und uns in unserem »Sein-Wollen« unbewusst beeinflussen, zeigt Wolfgang Ullrich in seinem Beitrag mit dem Titel »Wie sind Konsumprodukte gemacht – und was machen sie aus uns?« Es ist dies die schriftliche Fassung seines Vortrags im Rahmen des Top-Management-Symposiums 2014 des Universitäts.club| Wissenschaftsverein Kärnten auf der Abbazia di Rosazzo.[3]

Es geht dabei um die Problematisierung der multisensorischen Inszenierung und Metaphorisierung von Produkten, um eine Warenästhetik im Sinne des Neuromarketings, bei der der Aufwand für die Verpackung den Wert der Produkte oftmals bei Weitem übertrifft. Zugleich diskutiert Ullrich die Konsequenzen des Paradigmenwechsels vom gläsernen Kunden hin zum gläsernen Produzenten, wobei jedoch die überbordende Transparenz der Produkte – von ihren Komponenten und den vielfältigen Prozessen, bis sie schließlich am Point

[3] Haben oder Sein?! – Wirtschaft und Gesellschaft im Dilemma zwischen Konsum(ismus) und politischer Verantwortung. 29.–31. Mai 2014, Abbazia di Rosazzo, Italien.

of Sale landen – zu einer massiven Überforderung der Konsumenten führt. Diese Dependenzumkehr verlagert das schlechte Gewissen der Produzenten vom ehemals fordernden und kontrollierenden Kunden wieder auf diesen zurück, allein dadurch, dass er weder über die Zeit noch über das entsprechende Wissen verfügt, all diese detaillierten Produktinformationen entsprechend zu verarbeiten und die Rolle des kontrollierenden Konsumenten auch verantwortungsbewusst wahrzunehmen.

Ullrich weist aber auch darauf hin, dass Unternehmen somit auch zu »erzieherischen Instanzen« werden, weil sie damit die Menschen zum Teil viel besser erreichen (und in ihren Werthaltungen abholen), als konventionelle Bildungswege dies bewerkstelligen können. Indem Produkte, Unternehmen und deren Gründer nun zu Botschaften werden, erreicht der Konsumismus eine neue Dimension …

Ob man diesem Konsumismus überhaupt trotzen kann, war die Frage, der sich Marianne Gronemeyer anlässlich dieses Symposiums stellte. Ihr ging es darum, die Grenze zwischen Lebenskunst und Überlebenstechnik, zwischen Daseinsmächtigkeit und Konsumabhängigkeit bewusst zu machen. Einer von den »Weltoptimierern« vorgefertigten, künstlichen Konsumwelt voller Sachzwänge, also der Welt der *toten* Dinge, in der die Menschen an die Logik der Maschine angepasst werden (müssen), stellt Marianne Gronemeyer die *lebendige* Welt der menschlichen »Kreatur« (im Sinne des kreativen Schaffens) gegenüber, die ihre Bestimmung *in sich* hat und sie erst im Werden vollendet. Den Menschen also, der *sich* weiter schafft, indem er auf die jeweils spezifischen Beschränkungen wie auch der grundsätzlichen des menschlichen Daseins aktiv anpasst, d. h. seine Möglichkeiten wahrnimmt und sich nicht den sogenannten Sachzwängen (die ja auch menschengemacht sind) ausliefert; der bereit ist, seine Lebensaufgabe anzunehmen, und sich von den Wohltaten des

Konsumismus nicht davon abhalten lässt, sondern die Stirn hat, die Allmacht dieses Systems zu ignorieren, indem er dem, was es *nicht* zu kaufen gibt, einen größeren Wert beimisst …

Ausführlicheres und mehr dazu finden Sie in den beiden folgenden Beiträgen, die Sie vielleicht zum Weiter-Denken und Nach-Diskutieren in Ihrem Umfeld anregen werden.

Horst Peter Groß

Wolfgang Ullrich

WIE SIND KONSUMPRODUKTE GEMACHT – UND WAS MACHEN SIE AUS UNS?

In China erzählt man seit mehr als zweitausend Jahren die Geschichte eines Geschäftsmanns, der mit Perlen handelte. Da er einen möglichst guten Preis erzielen wollte, bemühte er sich um eine besonders edle Verpackung. Für die Schachtel wählte er wertvolles Holz, ferner bestückte er sie aufwendig mit Edelsteinen und parfümierte sie zusätzlich mit teuren Aromen. Schnell fanden sich zahlreiche Interessenten, und der Höchstbietende erhielt schließlich die Schachtel. Die Perlen jedoch gab er, so die Pointe, dem Händler zurück, gefiel ihm doch eigentlich nur die Verpackung.[4]

Diese Geschichte war nie aktueller als heute – in einer Zeit, in der Produkte mit so viel Aufwand inszeniert werden, dass die Verpackung oft zur Hauptsache wird. Den größeren Teil seines Geldes gibt man dann dafür aus, dass eine Ware eine interessante Anmutung besitzt: Ihr Anblick weckt innere Bilder oder setzt im Kopf gar einen Film in Bewegung, in dem der Konsument eine schmeichelhafte Rolle spielt und ein Stück schöner Zukunft gezeigt bekommt; positive Gefühle steigen auf, Vorfreude entsteht, vielleicht fühlt man sich für einen Moment sogar berauscht von den Assoziationen, die eine Verpackung oder die ästhetische Gestaltung des Produkts auslöst. Während Hersteller oft nicht viel tun müssen, um den Gebrauchswert ihrer Güter garantieren zu können, investieren sie große Summen für deren möglichst raffinierte Gestaltung – für Marktforschung, Werbung, Design, Markenentwicklung. Wer also kauft heute noch Duschgel, Tee oder Joghurt, nur um sauber zu werden oder etwas zum Essen und Trinken zu haben? Viel wichtiger ist doch, auf welche Weise

[4] Vgl. Han Fei Zi: *Wai Chu Shuo Zuo Shang* (um 250 v. Chr.), auf: http://chinesestoryonline.com/idiom-story/325-mai-du-huan-zhu.html. – Für den Hinweis danke ich Zhi Yang und Jianwei Tian.

das jeweilige Produkt und die damit verbundene Tätigkeit in Szene gesetzt werden. Man entscheidet sich für ein Bademittel, weil es Meditation pur verspricht, wählt eine Teepackung, weil sie Harmonie oder Liebe verheißt, nimmt eine Tafel Schokolade, um sich geborgen fühlen zu können. Und nicht selten bleibt das Bademittel dann ungenutzt auf der Konsole im Badezimmer stehen, fungiert eher als stimmungsbildende oder stimulierende Kleinskulptur denn als Gebrauchsobjekt. Ähnlich der Tee, der seinen Platz neben weiteren Schachteln findet, auf denen jeweils etwas andere Atmosphären und Anlässe des Teetrinkens imaginiert werden. Und wie in jener alten Geschichte aus China ist das Produkt selbst relativ unwichtig gegenüber der Art und Weise, wie es verpackt und präsentiert wird.

Im Fall der Perlen war die Schachtel schon deshalb attraktiver als die eigentliche Ware, weil sie mehr Sinne als diese ansprach. Während eine Perle nur schön anzuschauen ist und wegen ihrer glatten, runden Oberfläche zudem ein haptisches Erlebnis darstellt, bot die Schachtel dank der verschiedenen Materialien deutlich mehr taktile Abwechslung; vor allem aber kam mit dem Geruch eine zusätzliche Dimension ins Spiel. Der chinesische Geschäftsmann machte sich damit ein Prinzip zunutze, das in der heutigen Neurobiologie – und vor allem in deren kommerziellem Nebenzweig des Neuromarketings – viel diskutiert wird. Unter dem Schlagwort »multisensory enhancement« geht es dabei darum, dass Sinnesreize durch Impulse verstärkt werden können, die an andere Sinne adressiert sind. So wird ein Ereignis um ein mehrfaches intensiviert erlebt, wenn verschiedene Sinneseindrücke interagieren und dabei in ihrer Bedeutung zusammenpassen. »Cue Management« – die Abstimmung und Choreographie der verschiedenen Sinnesreize – gehört sogar zu den Hauptanliegen heutigen Marketings. Die in den Unternehmen für Vermarktung und Werbung zuständigen Manager hören auf Berater wie Martin Lindstrom, der auf die »Macht der vernachlässigten Sinne« hinweist und die Meinung vertritt, ein Produkt werde künftig nur dann eine Chance auf dem Markt haben, wenn genau komponiert ist, wie es sich anfühlt und riecht, ja welcher Sound damit verbunden ist. Als Vorbild für »multisensory enhancement« preist Lindstrom die katholische Kirche, die vom Glockengeläut über den Weihrauch bis zu den Farben der Messgewänder alle Sinne anzusprechen verstehe – und nur deshalb so lange erfolgreich gewesen sei.[5]

Bei einem Produkttyp wie Mineralwasser ist besonders offensichtlich, wie viel Bedeutung der Verpackung und multisensorischen Inszenierung zukommt. So könnten die Menschen in vielen Regionen zumindest Mitteleuropas Trinkwasser nahezu kostenlos – und ohne Transportmühen – aus jedem Wasserhahn beziehen. Wenn Mineralwasser dennoch auf dem Markt bestehen kann und wenn jährlich sogar Milliarden dafür ausgegeben werden, belegt das, dass es um mehr und anderes als Durstlöschen geht. Man zahlt für eine Aufladung des Trinkens mit zusätzlicher Bedeutung, für eine Dramatisierung einzelner Eigenschaften des Wassers, für eine Ritualisierung des Wassertrinkens, wie sie durch das Design des jeweiligen Flaschentyps stattfinden kann.

Als erfrischend wird es etwa empfunden, wenn die Verschlusskappe so gestaltet ist, dass das Wasser beim Öffnen mit einem leichten Zischen heraussprudelt; zugleich sollte die Flasche dann eine schlanke Form haben, durchsichtig sein und auf dem Etikett Farben aufweisen, die entweder – wie Rot – Energie verheißen oder – wie Blau – für Luftigkeit und Frische stehen. Vokabeln wie »Power«, »Sport« oder »Sauerstoff« steigern die Suggestion von Leistungskraft zusätzlich. Auf einer bauchigen Flasche, die in Beige oder Grau gehalten ist und einen Schraubverschluss besitzt, erschienen

[5] Martin Lindstrom: »Making Sense: Die Multisensorik von Produkten und Marken«, in: Hans-Georg Häusel (Hg.): *Neuromarketing. Erkenntnisse der Hirnforschung für Markenführung, Werbung und Verkauf*, Planegg 2007, S. 157–169, hier S. 160.

dieselben Vokabeln hingegen unglaubwürdig; das »Cue Management« wäre zu konfus, um »multisensory enhancement« zu ermöglichen.

Erst recht begreift das Trinken als Energiezufuhr, wer sich für ein Wasser entscheidet, dessen Flaschenform an eine Gaspatrone erinnert, die zudem mit einem technoiden Verschluss wie bei einem Sicherheitsventil versehen ist – so als bestünde die Gefahr, dass der Inhalt explodiert, weil er so stark mit Sauerstoff oder hochenergetischen Substanzen aufgeladen ist. Die auf den metallicfarben glänzenden Flaschenkörper gedruckte Vokabel »power« unterstützt die Vorstellung vom Wasser als Energy-Drink zusätzlich. Man darf sich dann als jemand fühlen, der an seine Grenzen geht und alles gibt, wird also zum Helden eines Actionfilms oder Sportevents. Dazu passt, dass man eine solche Flasche, ist das Ventil erst einmal geöffnet, gut mit einer Hand bedienen und etwa während der Fahrt auf einem Rennrad nutzen kann. Dank ihrer klaren Botschaft wird sie zu einem Motivationstrainer; sie stachelt dazu an, noch mehr aus sich herauszuholen.

Aber auch wer andere Herausforderungen zu bestehen hat, kann sich von einem solchen Produkt etwas versprechen. Es pusht eine agonale Mentalität, passt daher zum Leben in einer Wettbewerbs- und Leistungsgesellschaft. Damit besitzt ein derart inszeniertes Wasser nicht zuletzt eine gesellschaftspolitische Dimension, unterstützt es doch Werte einer auf Wachstum und Effizienz ausgerichteten kapitalistischen Logik. Mochte diese ehedem, wie seit Max Weber bekannt ist, durch die protestantische Ethik gefördert worden sein, so wird sie heute durch Produkte wie das Power-Wasser täglich neu eingeübt und attraktiv gehalten. Wer eine kapitalistische Wachstumsgesellschaft kritisiert, sollte also auch und gerade das Produktdesign aufmerksam in den Blick nehmen. (Es war daher ein Versäumnis der Aktivisten der Occupy-Bewegung, im Herbst 2011 neben Banken, Börsen und Kunstinstitutionen nicht auch Drogeriemärkte oder Kaufhäuser belagert zu haben, um dort markant kapitalistische Produktinszenierungen anzuprangern.)

Da sich die Spielarten der Inszenierung branchenübergreifend ähneln und da es im Umgang mit Produkten um das unmittelbare Einüben von Verhaltensweisen geht, ist eine kritische Aufmerksamkeit gegenüber der Warenästhetik umso wichtiger. Die Konsumenten werden, ohne dass ihnen das üblicherweise eigens bewusst ist, von Produkten ungleich mehr in ihrem Habitus geprägt als von philosophischen Theorien, intellektuellen Debatten oder Argumenten in Talkrunden. Und so erfüllen Produktdesigner heutzutage das, was Karl Marx von den Philosophen einst vergeblich erwartet hatte. In Abwandlung seines berühmten Diktums lässt sich feststellen: Die Philosophen haben die Welt immer nur verschieden interpretiert, die Produktdesigner verändern sie auch.

Allerdings sollte man darauf achten, wie viel Aufwand die Inszenierung eines Produktes jeweils verlangt. So ist ein halber Liter Wasser wohl selten ökologisch verantwortungsloser dargeboten worden als bei der Variante einer simulierten Gasflasche. Der Ressourcenverbrauch ist enorm, und ein Mehrwegsystem gibt es hier auch nicht. Zudem ist das Design ganz auf den einen Moment hin angelegt, in dem das Wasser beim Öffnen der Verschlusskappe mit einem Zischen seine Energiehaltigkeit signalisiert. Dieser Effekt fehlt, füllt man selbst wieder Wasser in die Flasche. Und so landet der viele Kunststoff meist rasch im Müll, um dort nochmals zu einem ökologischen Problem zu werden. Insofern passt dieses Wasser auch genau zu den von ihm verkörperten Werten: Seine Hersteller rechnen selbstverständlich damit, dass die Steigerungschancen der Wirtschaft grenzenlos sind, man sich über Energiefragen und Nachhaltigkeit somit keine Gedanken zu machen braucht.

Die heutige Wohlstandsgesellschaft erzeugt ihre Fiktionen aber insgesamt viel materialintensiver als ihre Vorgänger.

Sofern nicht mehr Theater oder Bücher als Hauptort für Geschichten und Emotionen fungieren, sondern die Dinge des Alltags zu bevorzugten Trägern des Fiktionalen – zu Massenmedien – geworden sind, wirken die Plots zugleich jedoch stärker. Immerhin erhöht es die Identifikationsmöglichkeiten des zum Konsumenten gewordenen – und damit aktiv handelnden – Rezipienten, wenn er sich ständig mit Konsumprodukten umgibt, die sein Handeln takten.

Auch Produkte, die andere Werte als das Power-Wasser vertreten, sind oft ähnlich materialaufwendig gestaltet. Hier kommt es für den Verbraucher vielleicht sogar zu einem Gewissenskonflikt zwischen seinen ökologischen Ansprüchen und dem Wunsch, ein starkes Produkt zu konsumieren. Bei manchen Mineralwässern scheint die Last des Gewissens geradezu sinnfällig zu werden. Die aus Glas angefertigte Flasche ist dann so schwer, dass man die Problematik des Materials kaum verdrängen kann – und es daher zumindest nicht versäumen wird, das Rückgabesystem zu nutzen und die Pfandgebühr einzulösen. Ein solches Wasser auf dem Rennrad mitzunehmen, wäre von vornherein kaum möglich, zumal sich sein Schraubverschluss nur mit beiden Händen öffnen lässt. Doch wird auch niemand, der ein solches Wasser kauft, auf die Idee kommen, es begleitend zum Sport zu konsumieren. Vielmehr ist es konsequent als Heilwasser in Szene gesetzt, das denjenigen, der es trinkt, zum Patienten werden lässt – zu jemandem, der sich eher als Opfer von Konkurrenzkampf und Turbokapitalismus denn als einsatzbereiter Leistungsträger sieht.

Dabei werden vom Hersteller gleich mehrere Autoritäten aufgerufen, um eine besondere Wirkkraft des Produktes erwarten zu lassen. Auf dem Etikett ist ein Heiliger genannt, was das Wasser in die Tradition wundertätiger Quellen stellt, zu denen gewallfahrtet wird. Auch das Bild eines Kreuzes ruft religiöse Gefühle hervor. Doch gibt sich der Produzent zugleich säkular und betont, dass das Wasser »staatlich anerkannt« sei. Ferner wird es als »natürlich« gewürdigt, was auch das Grün der Flasche erklärt. Schließlich ist noch der Hinweis »Zum Trinken« zu lesen – und somit nicht weniger als eine Einnahmeverordnung, wie sie bei Medikamenten üblich ist. Religion, Staat, Natur und medizinische Wissenschaft werden somit zugleich herbeizitiert, um die Glaubwürdigkeit des Produkts zu maximieren.

Wiederum stellt sich die Frage nach der politischen Dimension eines solchen Mineralwassers. Was sagte es über eine Gesellschaft aus, in der dieses Produkt zu den Marktführern gehörte? Wäre es gut, wenn möglichst viele Menschen Gesundheitsbewusstsein und Selbstsorge an den Tag legten? Oder müsste eher mit Beunruhigung betrachtet werden, dass Konsumenten nach Produkten suchen, die ihnen die Rolle von Heilsbedürftigen verleihen? Und wie steht es um die soziale Verantwortung, wenn viele vor allem darum bemüht sind, für sich selbst Ruhe und Entlastung zu finden? Fördert ein solches Wasser letztlich also nicht genauso Individualismus und Selbstzentriertheit wie das zum Energy-Drink mutierte Wettkampfprodukt? Geht es nicht immer wieder nur darum, dem Einzelnen eine Vermehrung seines Wohls und seiner Leistungskraft zu versprechen?

Die Sorge, Konsumenten könnten durchgängig zu Narzissten erzogen werden, die ganz auf sich und ihr Wohlbefinden konzentriert sind, scheint also nicht unbegründet. Daraus erwächst der Wunsch, es möge auch andere Plots und Formen der Inszenierung geben. Im Fall von Wasser könnte es dann etwa darum gehen, dessen Kostbarkeit oder die Begrenztheit von Ressourcen bewusst zu machen und so zu einem sorgsameren Konsum – zu einem ökologischeren und sozialeren Umgang – anzuhalten. Eine solche Ausrichtung der Produktinszenierung liegt insofern sogar nahe, als es im Interesse vieler Hersteller ist, ihre Waren als etwas möglichst Wertvolles und Seltenes zu präsentieren. Immerhin lässt sich dann ein höherer Preis verlangen.

Bei der Inszenierung von Mineralwasser gibt es tatsächlich Versuche, es von einem Grundnahrungsmittel in eine luxuriöse Substanz zu verwandeln. So bietet man es seit einigen Jahren – in Frankreich lieber als in Deutschland – wie ein alkoholisches Getränk dar. Wie bei anderen Inszenierungen – als Energy-Drink oder als Medikament – arbeitet man dabei mit Metaphern, überträgt also Formen und Codes anderer Bereiche auf das Design des Wassers. Statt als Gaspatrone erscheint es dann als Weinflasche. Merkmale von etwas Besonderem, Seltenem, Teurem werden ihm wie Statussymbole angeheftet.

Doch kann ein semantisches Upgrading auch zu einer Veränderung von Gewohnheiten führen. Wer sich erst einmal daran gewöhnt, Wasser wie Wein oder Whiskey zu erleben, wird ebenso dazu neigen, Rituale der Kennerschaft zu entwickeln. Plötzlich gehört es in bestimmten Milieus zum guten Ton, zwischen verschiedenen Mineralwassermarken zu unterscheiden. Bei Einladungen fühlen sich Gastgeber verpflichtet, für unterschiedliche Wasserbedürfnisse und -geschmäcker gerüstet zu sein und mehrere Sorten anbieten zu können. Und wer Eindruck machen will, muss seine Gäste mit einem bisher unbekannten Wasser überraschen oder zumindest mit speziellen Wassergläsern Stilsicherheit beweisen. In einem Sternelokal bekommt man gar einen Wasser-Sommelier an die Seite gestellt, und in einem teuren Hotel empfängt einen eine Wasserbar, während in Lifestyle-Magazinen Tipps gegeben werden, welche Wassersorten in keiner guten Sammlung – in keinem Wasserkeller – fehlen sollten.

Der zum Connaisseur geadelte Konsument wird es bald nicht mehr schaffen, Wasser beiläufig zu trinken; vielmehr gerät es zu einer Hauptsache, über die man eigens spricht. Und wer erst einmal für leichte Unterschiede sensibilisiert ist, ist auch gerne bereit, einzelnen Sorten von Wasser spezifische Wirkweisen zuzutrauen. So wie eine Form von Alkohol eher auflockernd wirkt, eine andere hingegen entspannt und müde macht, kann auch Wasser zum Stimmungsaufheller oder zu einem Therapeutikum für die Seele werden. Werbeanzeigen suggerieren, bei einem Glas Wasser könne man genauso gut ein Rendezvous haben wie ehedem bei Champagner oder Whiskey, und während früher das Sprichwort galt »Wer Sorgen hat, hat auch Likör«, sollen mittlerweile bestimmte Wassermarken dabei helfen, über Depressionen hinwegzukommen.

Wie weit die Umwertung von Getränken geht, macht eine Passage in Kristof Magnussons Roman *Das war ich nicht* (2010) deutlich. Einer der Protagonisten, ein alternder Autor, leidet unter einer Schreibblockade und will seinen Frust in einem Hotelzimmer mit den Vorräten aus der Minibar bekämpfen. Er nimmt einen Whiskey sowie, wie man weiter lesen kann, »ein stilles Mineralwasser, das heartsease hieß und aus Wales kam, benannt nach heartsease pansy, dem wilden Stiefmütterchen, das die Kraft besaß, traurige Herzen zu heilen.« Und dann folgt ein bemerkenswerter Satz: »Nachdem ich ein paar Tropfen davon in den Whiskey getan und ihn mit einem Schluck ausgetrunken hatte, fühlte ich mich etwas besser.«[6]

Das Verhältnis zwischen Wasser und Hochprozentigem hat sich hier also umgekehrt: Das Wasser ist die gegenüber dem Whiskey stärkere Substanz. Und auch wenn man in Magnussons Formulierung die ironische Übertreibung einer Produktinszenierung erkennen kann, liefert diese immerhin die Idee dazu, eine Romanfigur als anfällig für Wirkversprechen des Marketings zu charakterisieren und damit situationskomisch – oder auch tragisch – vorzuführen. Während sich Schriftsteller früherer Zeiten mit Absinth zugrunde richteten, Alkoholiker waren oder es zumindest als standesgemäß ansahen, gelegentlich im Vollrausch zu sein, treten künftige Generationen von Autoren vielleicht mit Wasserexzessen in Erschei-

[6] Kristof Magnusson: *Das war ich nicht*, München 2010, S. 102 f. – Für den Hinweis danke ich Daniela Roth!

nung oder benötigen ein bestimmtes Mineralwasser, um in schöpferische Laune zu gelangen.

Dass sich die Metaphorisierung des Wassers zum alkoholischen Getränk großer Beliebtheit erfreut, dürfte an einem gestiegenen Gesundheits- und Fitnessbewusstsein vieler Menschen liegen. Heute predigt man zwar vielleicht noch Wein, trinkt aber längst Wasser. Wer gerade auch durch Inszenierungen von Wasser als Energieträger oder Heilmittel dazu erzogen wurde, stärker auf das Wohlbefinden zu achten und deshalb vorsichtig im Umgang mit Alkohol zu sein, will dennoch nicht auf die Situationen und Rituale verzichten, die bisher mit Wein, Whiskey oder Champagner verknüpft waren. Vielmehr ist es wichtig, beim Trinken weiterhin guten Geschmack zu demonstrieren oder Feierlichkeit zu erleben.

Insofern das Wassertrinken eine stärker gesellschaftliche Dimension bekommen hat, vermag es sogar zum Teil auch die Funktion einzunehmen, die noch vor wenigen Jahrzehnten das Rauchen besaß. Wie es früher üblich war, in Besprechungszimmern und Seminarräumen, bei kulturellen Veranstaltungen oder gar in Ausstellungen zu rauchen, sieht man heutzutage in vergleichbaren Situationen Menschen mit einer Wasserflasche statt einer Zigarette. In dem Umfang, in dem das Rauchen aus immer mehr Räumen verbannt wurde, findet das Wassertrinken Eingang. So gibt es bereits Gesellschaftstrinker, die ihrer Umgebung mit einer locker und selbstverständlich mitgeführten Wasserflasche ihre Gesundheitsvorsorge demonstrieren. Und selbst an Orten wie Lesesälen großer Bibliotheken, in denen es immer tabu war, etwas zu essen oder zu trinken, sind Wasserflaschen mittlerweile erlaubt.

Erkennt man erst einmal, wie folgenreich die Metaphorisierung eines Produkttyps sein kann, wird man es aber vielleicht nicht nur Managern des Marketings und Werbeagenturen überlassen wollen, darüber zu entscheiden. Gerade das Beispiel des Wassers liefert ein Argument dafür, sich vielmehr eigens um eine Ethik des Metaphorisierens zu kümmern.

Sofern das Wassertrinken nämlich zu einem bewussten Akt überhöht wird, wird es auch nicht länger sorglos geschehen. Wasser wird dann ernster genommen und ausdrücklich in seinen Qualitäten erfahren. Damit aber bereitet eine solche Metaphorisierung, so sehr sie zuerst nur den Zweck einer emotionalen Aufladung (und Preissteigerung) besessen haben mag, auch auf Zeiten vor, in denen Wasser knapp und allein deshalb kostbar werden könnte. So wie der Wert von Champagner damit zu tun hat, dass es nur eine begrenzte Menge davon geben kann, lässt sich also auch Wasser als limitiert in Szene setzen und dann als besonders wertvoll erfahren.

Mit einigen Inszenierungen von Wasser wird sogar bereits von vornherein als Ziel verfolgt, was bei der Metaphorisierung von Codes alkoholischer Getränke eher unbeabsichtigt stattfindet: Die Konsumenten sollen sensibler für ökologische und soziale Fragen werden. Sie sollen erkennen, dass Wasser, auch wenn es in ihrer Region der Welt ausreichend vorhanden sein mag, ein höchst kostbares Gut sein kann. Und sie sollen dankbar dafür sein, selbst genügend Wasser zur Verfügung zu haben, um daraus als Aufgabe für sich abzuleiten, auch Menschen in anderen – weniger privilegierten – Teilen der Welt zu sicherem Trinkwasser zu verhelfen.

So werden auf dem Etikett der Marke *Gota* die – unvorstellbar – großen Zeiträume beschworen, während derer das Wasser sich in Reservoiren der Natur befand. Wer liest, dass er etwas vor sich hat, das zweihundert Millionen Jahre alt ist, wird ein Gefühl von Erhabenheit verspüren. Doch wird auch Befremden oder gar schlechtes Gewissen aufkommen angesichts der Tatsache, selbst vielleicht nur wenige Minuten zu brauchen, um das Wasser wegzutrinken. Die Beiläufigkeit des Konsumakts erscheint geradezu als Sakrileg, man fühlt sich schuldig. Doch sorgt der Hersteller dafür, dass man auch gleich wieder entlastet wird. Auf dem Etikett steht nämlich ebenfalls, dass ein Teil des – nicht geringen – Kaufpreises dafür eingesetzt wird, in armen Ländern Brunnen zu bauen, um die Überlebenschancen vieler Menschen zu verbessern. Insofern endet der Konsumakt nicht mit schlechtem, sondern mit gutem Gewissen.

Das »Cue Management« ist hier perfekt gelungen, kalkuliert wird eine Abfolge von Gefühlen erzeugt. Das ist kaum anders als etwa in der Kunst des Barock, als Künstler wie Poussin oder Rubens ihrerseits versuchten, bei den Betrachtern ihrer Bilder ein »heftiges Wechselbad der Emotionen« zu erzeugen.[7] Ein Altarwerk von Rubens sollte beim Betrachter, gelenkt durch die Komposition oder die Farbwerte, zuerst Gefühle von Reue und dann den Wunsch nach Buße auslösen, womit es insgesamt die Funktion einer Bußpredigt besaß. So wurden die Ziele der Kirche – als Auftraggeber – unterstützt. In ähnlicher Weise kann heutzutage die Verpackung eines Mineralwassers zur Bußpredigt werden – und zugleich Ablass für die begangenen Sünden anbieten. Schließlich darf sich der Konsument als vollkommen fühlen, in Erfüllung des platonischen Ideals als Einheit des Wahren, Schönen und Guten: »Be true. Feel beautiful. Do good« lautet das Motto von *Gota*.

Diesmal wird der Konsument also nicht zum Sieger, Patienten oder Connaisseur, sondern zu einem verantwortungsbewussten Moralisten, der sensibel für größere Zusammenhänge ist und gar über einen globalen Blick verfügt. Und während die anderen Rollen allein dazu nützen, das Individuum zu stärken und mit Selbstbewusstsein aufzupumpen, kommt eine solche Inszenierung auch anderen Menschen zugute. Vor allem aber trägt sie zu einer Erziehung bei, die mehr zu verändern vermag als eine Taktik bloßer Schmeicheleien, bei denen der Konsument über Leistung oder Leiden definiert wird. Sie lenkt die Aufmerksamkeit auf Fakten und Phänomene, die lange kaum Beachtung fanden, jedoch von entscheidender Bedeutung sind, wenn es darum geht, ökologische und soziale Standards zu erhöhen.

[7] Ulrich Heinen: *Rubens zwischen Predigt und Kunst. Der Hochaltar für die Walburgenkirche in Antwerpen*, Weimar 1996, S. 76.

Keine andere Rolle hat in den letzten Jahren eine vergleichbare Karriere erlebt: Branchenübergreifend kann man sich mittlerweile verantwortungsbewusst geben. Auch das schmeichelt den Konsumenten natürlich, und sähen sich nicht viele so gerne als kritisch und aufgeklärt, als engagiert und moralisch, wären die Unternehmen kaum darauf verfallen, sich ihrerseits so gesamtgesellschaftlich verantwortungsvoll zu geben. Ohne die Forderungen von Verbraucherschützern und ökosozialen Lobbygruppen wäre es also kaum so weit gekommen, dass man heute allenthalben Waren erwerben kann, die dabei helfen, Produktionsprozesse und Vertriebswege nicht nur transparenter zu machen, sondern auch Beiträge dazu zu leisten, an den jeweiligen Bedingungen etwas zu verbessern.

Wäre es noch in den 1990er Jahren kaum denkbar gewesen, dass mit einer Vokabel wie »Verantwortung« selbst für einen Parfümflacon geworben wird, so weckt das inzwischen kaum noch Verwunderung. Erst recht gerät die Lektüre eines begleitenden Textes, der das Parfüm der Marke *DKNY* vorstellt und bewirbt, zu einer ökosozialen Sensibilisierungsübung. Erläutert wird etwa, dass für das Parfüm verwendete Pflanzen »von Frauen aus Togo angebaut und geerntet« wurden, deren Zukunft so »in finanzieller Hinsicht« verbessert werden solle. Der Flacon bestehe komplett aus wiederverwendbaren Materialien, während die Umverpackung aus Papier gemacht sei, »das aus zertifizierter Waldbewirtschaftung stammt«; bedruckt sei es mit Tinte, »die einen niedrigeren Gehalt an flüchtigen organischen Verbindungen (VOC) aufweist und in Fabriken produziert wird, die mit Windkraft arbeiten«. Schließlich sei der Karton mit NatureFlex™-Folie umhüllt, die aus erneuerbarem Holzschliff aus kontrolliertem Anbau gefertigt ist.«[8]

Kaum ein Konsument wird gebildet genug sein, um die vielen Fachtermini zu verstehen und die Produktionsprozesse

[8] http://www.beautesse.at/Duft/Damenduefte/pureDKNY-Verbena.html.

genau einschätzen zu können. Doch gerade weil die Wissenslücken zu dem Eindruck führen, man sei selbst noch keineswegs verantwortungsbewusst genug, werden sie zum Ansporn, sich um das nötige Wissen zu bemühen. In Verbindung mit einem Produkt, das – oft zudem als Geschenk – Freude bereitet und emotional besetzt ist, wird es auch leichterfallen, sich die Fakten und Zusammenhänge zu merken.

Da solche Texte mittlerweile gängig sind, es also viele Unternehmen gibt, die über Inhaltsstoffe, Produktionswege und ihr Engagement für Umwelt oder Mitarbeiter informieren, erfahren die meisten Menschen in ihrer Rolle als Konsumenten mehr als irgendwann sonst über Fragen wie Klimawandel, Ressourcenverbrauch, Schadstoffe oder Arbeitsbedingungen. Weniger politische Parteien, Bürgerinitiativen, Vereine oder Verbände als vielmehr Unternehmen sind es, die ein größeres Publikum auf viele Probleme überhaupt erst hinweisen und so auch Menschen erreichen, die sich sonst höchstens am Rande für solche Belange interessieren. In den meisten Fällen mögen die Unternehmen das nur tun, weil sie Angst vor Marktanteilverlusten haben und sich als Problemlöser darstellen wollen. Doch entsteht auf diese Weise besser als durch andere Initiativen ein allgemeines Bewusstsein für den ökologischen Fußabdruck, und es sind heutzutage Unternehmen, die für die artgerechte Haltung von Tieren sensibilisieren, die ökologischen Belastungen von Transport- und Lagerkosten bilanzieren und auf Gesundheitsrisiken aufmerksam machen.

Manchmal geben sie sich dabei sogar selbstbewusst als Erzieher – in der Tradition paternalistischer Unternehmer, nur dass sie diesmal weniger für ihre Angestellten als für ihre Kunden Verantwortung zu übernehmen beanspruchen. So lag bei *McDonald's* im Frühjahr 2012 ein Faltblatt aus, in dem die Inhaltsstoffe sämtlicher Produkte aufgelistet waren. Die Tabellen mit Angaben über gesättigte Fettsäuren, Ballaststoffe oder Allergene enthielten rund 4500 Zahlen, wenn auch so klein gedruckt, dass sie kaum lesbar waren. Hinweise und

Appelle verstärkten den Eindruck, *McDonald's* würde jedes noch so kleine Detail berücksichtigen und wirklich Sorge für Wohlergehen und Aufgeklärtheit seiner Kunden tragen. So las man etwa: »Schauen Sie gemeinsam mit Ihren Kindern diese Tabellen an und erklären Sie ihnen, was Kilokalorien sind und welche Nährstoffe ein menschlicher Körper braucht. So schaffen Sie schon früh ein Bewusstsein für ausgewogene Ernährung.«

Doch führte die Masse an Information, die auf engem Raum geboten wurde, den Anspruch auf größtmögliche Transparenz ad absurdum, da für den Konsumenten nicht mehr zu erkennen war, was wirklich wichtig sein könnte. Aber statt dem Unternehmen noch eine Unterlassung vorwerfen zu können, muss er sich nun seinerseits Bequemlichkeit und Halbherzigkeit vorhalten, solange er das gebotene Material nicht ernsthaft studiert. Das schlechte Gewissen, das kritische Konsumenten den Herstellern bereiten wollten, kehrt somit zu ihnen selbst zurück. Etwas zerknirscht müssen sie zugestehen, von den Unternehmen überfordert zu werden.

Das Gefühl, doch nicht so aktiv und investigativ zu sein, wie es dem eigenen Selbstverständnis entspräche, verstärkt sich beim Konsumenten noch dadurch, dass Info-Material zahlreiche Links zu weiterführenden Websites enthält, denen nachzugehen man dann aber doch unterlässt. So könnte man etwa die Aussage, jenes Faltblatt sei auf Premium-Recyclingpapier klimaneutral gedruckt worden, im Internet überprüfen und durch etliche weitere Klicks herausfinden, dass die rund 39 Tonnen CO_2, die beim Druck anfielen, durch die finanzielle Unterstützung eines Windenergieprojekts in Neukaledonien kompensiert wurden. Weiter könnte man recherchieren, wer hinter diesem Projekt steht (ein französisches Unternehmen), wer es noch finanziert oder wieso es gerade am anderen Ende der Welt gestartet wurde.

Sonst pflanzen Unternehmen Regenwald an, unterstützen Forschungen zum Recycling von Müll oder errichten in Ländern wie Indien Solarküchen. Dass viele der von ihnen angestoßenen Projekte in fernen Erdteilen ihren Ort haben, verleiht ihnen das Image von Global Playern. Zugleich kann man den Konsumenten das gute Gefühl geben, für die Welt insgesamt etwas getan und, vom eigenen Verantwortungsbewusstsein motiviert, weit über den eigenen Tellerrand geblickt zu haben.

Doch so kosmopolitisch sich der Verbraucher einerseits gerne vorkommt, so sehr will er zugleich Heimatgefühle kultivieren und als Konsument ein Bekenntnis zur eigenen Region ablegen. Heimische Produkte zu verwenden, bedeutet, maßvoll und vernünftig zu sein und absurd lange Transportwege zu vermeiden; mit ein wenig Marketing lässt sich gegenüber dem Konsumenten sogar der Eindruck erwecken, er sei dann besonders ehrlich und authentisch. Dazu macht man ihm die Herkunft von Produkten wie Eiern, Mehl oder Milch möglichst transparent. Klebt auf dem Ei noch ein Halm Stroh oder eine kleine Feder und ist auf der Schachtel der Bauer abgebildet, auf dessen Hof die Eier – natürlich in einem Freilandgehege – gelegt wurden, kann es so wirken, als habe man eine persönliche Beziehung zum Hersteller.

Die während der gesamten Moderne beliebten Vorwürfe, die industrialisierten Produktionsprozesse fänden entfremdet und anonymisiert statt, werden auf einmal nichtig. Vielmehr bekommt man die Vorstellung vermittelt, jederzeit seiner Landlust nachgeben und einen Besuch auf dem jeweiligen Bauernhof machen zu können, um dort gar noch – wie ein alter Bekannter – mit Kaffee und Kuchen empfangen zu werden. Und es braucht nicht viel Phantasie, um sich weitere Spielarten von Transparenz und Verbindlichkeit auszudenken. Auf der Website des Bauern finden sich dann die neuesten Familienfotos oder Webcams, die live das Geschehen im Hühnerstall dokumentieren. Man kann also beliebig Anteil nehmen an der Herkunft der eigenen Lebensmittel – und dabei das Gefühl persönlicher Beziehungen genauso ausprägen wie das Vergnügen, in die Position eines Betrachters aus

Gottesperspektive versetzt zu sein, der sich heranzoomt, was ihn gerade interessiert.

Je größer vonseiten der Unternehmen die Transparenz wird, desto mehr darf sich der Konsument als der Mächtige fühlen, der kontrollieren, überwachen, alles sehen kann. Doch da er, anders als ein Gott, nur über endliche Ressourcen verfügt, kann er so viel Transparenz für sich gar nicht nutzen. Die Macht verwandelt sich vielmehr in Ohnmacht, und wo alles sichtbar wird, leidet der Rezipient an Unübersichtlichkeit und geht schlimmstenfalls – wie bei jenem Faltblatt – in einem Strudel an Informationen unter. Beispielhaft beschrieb der Journalist Stefan Kuzmany ein solches Ohnmachtserlebnis, das ihm widerfuhr, als er tatsächlich der Herkunft eines einzelnen Hühnereis nachgehen wollte. Zwar führt der Zahlencode, der auf jedem Ei aufgedruckt sein muss, auf eine konkrete Spur, doch wer ihr folgt, landet nicht nur in wahnwitzigen Link-Kreisläufen, sondern bekommt früher oder später auch das Gefühl, sich nur noch zwischen Potemkinschen Dörfern hin und her zu bewegen. Zur Überforderung durch zu viel Transparenz kommt also auch noch der Verdacht, getäuscht zu werden. Schließlich kapituliert der aktive und verantwortungsbewusste Konsument und weiß gar nicht mehr, was er denken soll.[9]

Doch so sehr er gar nicht in jedem Fall studieren und überprüfen kann, was ein Unternehmen an Hintergrundinformationen offenlegt, so sehr wird es dem Konsumenten doch zum selbstverständlichen, unhintergehbaren Anspruch, jederzeit zumindest die Möglichkeit zu haben, sich detailliert über alles zu informieren. Für ihn ist klar: Dass der Kunde König ist, heißt mittlerweile, ihm den Platz im Zentrum eines Panoptikums zuzugestehen. Immerhin darf sich kein Unternehmen mehr vor den kritischen Blicken der Konsumenten sicher fühlen

[9] Vgl. Stefan Kuzmany: *Gute Marken. Böse Marken. Konsumieren lernen, aber richtig!*, Frankfurt/Main 2007, S. 157–183.

und ist daher klug beraten, von vornherein so viel wie möglich von sich preiszugeben.

Das aber bewirkt nicht weniger als einen Paradigmenwechsel. So wurde die Majestät des Kunden in den letzten Jahrzehnten immer nur derart interpretiert, dass ihm noch die geheimsten – ihm selbst vielleicht verborgenen – Wünsche erfüllt werden sollten. Die zahlreichen Methoden der Marktforschung verfolgten alle das Ziel eines gläsernen Konsumenten, der exakt das angeboten bekommen sollte, wonach es ihn wirklich verlangte. Das neue Ziel hingegen ist der gläserne Produzent und damit die größtmögliche Transparenz aller Prozesse von der Planung über die Herstellung der Produkte bis hin zu ihrem Transport und ihrer Darbietung am Point of Sale. Zwar ist es nach wie vor so, dass man den Kunden nur deshalb zum König erklärt und umwirbt, weil man an sein Geld will, doch ist es ein erheblicher Unterschied, ob man deshalb ihn oder sich selbst durchleuchtet.

Aber nicht nur aus diesem Grund könnte die große Zeit der Marktforschung an ihr Ende gelangt sein. So könnte die Zukunft Unternehmen gehören, die nicht nur aus Kalkül bestimmte Werte proklamieren, um den Konsumenten in die Rolle eines verantwortungsbewussten Moralisten bringen, sondern die diese Werte wirklich als unbedingt ansehen, ihre Ausrichtung also gerade nicht von Ergebnissen der Marktforschung abhängig machen. Damit könnten Unternehmen auch die Hoheit zurückgewinnen, die sie im Zuge des Transparenzzwangs an die Konsumenten abgeben müssen: Statt nur auf Forderungen nach höheren ökologischen oder sozialen Standards zu reagieren, setzen sie dann ihrerseits aktiv Themen und engagieren sich für eigene Anliegen. Sofern sie jährlich umfangreiche CSR-Berichte (Corporate Social Responsibility) veröffentlichen, in denen sie ihre ökologischen und sozialen Aktivitäten dokumentieren und bewerben, zeigt dies bereits einen Bewusstseinswandel, in dessen Folge vieles anders gemacht wird als bisher.

Vielleicht ist gegenwärtig sogar eine Form von Entwicklung zu beobachten, die seit der Antike immer wieder Thema der Philosophie war. So machte man sich Gedanken darüber, ob sich Realitäten allein durch neue Gewohnheiten verändern könnten. Cicero, der davon überzeugt war, prägte dafür die Formel »consuetudo est altera natura« (»Gewohnheit wird zur zweiten Natur«)[10], und die anschaulichste Illustration dieser These entstand im Mittelalter mit dem Lale-Buch, bekannter unter dem Namen der Schildbürger. Diese waren von Natur aus besonders intelligent und weise, weshalb sie von aller Welt um Rat gefragt wurden und schließlich sogar ihre eigenen Angelegenheiten vernachlässigen mussten. Eines Tages ging ihnen das auf die Nerven, sie beschlossen, sich von nun an dumm zu stellen, um in Ruhe gelassen zu werden. Nachdem sie aber eine Zeit lang das Benehmen von Dummen an den Tag gelegt hatten, wurden sie tatsächlich dumm. Bis sie erkannten, was »ein krefftig ding es seye, wann einer ein andre gewonheit an sich nimmet«, war es schon zu spät, sie konnten die Dummheit nicht mehr einfach ablegen.[11]

Genauso könnten die Marketingmanager in Unternehmen, die zuerst nur so taten, als seien sie besorgt um Umwelt und Arbeitsbedingungen, weil sie Eindruck bei den Konsumenten machen wollten, nach und nach verlernen, noch anders als ökologisch und sozial zu agieren. Sie könnten das so sehr verinnerlichen, dass sie zu überzeugten, gar zu missionierenden Instanzen werden. Selbstbewusst begreifen sie sich dann als Erzieher, die den Konsumenten gar noch Defizite hinsichtlich Bildung, Sensibilität oder Handlungsbereitschaft vorhalten. Damit aber wäre ein noch spektakulärerer Paradigmenwechsel eingeleitet, besäßen die Unternehmen dann doch nicht mehr nur das eine Ziel, möglichst viel Gewinn zu machen, sondern verfolgten daneben das zweite Ziel, Ideen

[10] Vgl. Marcus Tullius Cicero: *De finibus bonorum et malorum*, V, 25/74.
[11] *Das Lalebuch*, Stuttgart 1971, S. 51.

oder Ideale zu verbreiten. Der Logik des Kapitalismus würde ein idealistisches oder ideologisches Sendungsbewusstsein an die Seite treten, und innerhalb des Unternehmens selbst müsste beides, Gewinnstreben und Ideenpolitik, fortwährend in einen Ausgleich gebracht werden.

Unternehmen, die das klassisch-eindimensionale Schema einer kapitalistischen Wachstumsorientierung überwunden haben, wurden sogar bereits gegründet (allerdings nicht infolge geänderter Gewohnheiten, sondern als »erste Natur«!). Auch hier könnte man die katholische Kirche als Vorbild nennen, ist sie doch ein Großkonzern, dessen Aktivitäten zwar durchaus auf Profit hin ausgelegt sind, der aber zugleich nie vergisst, die eigenen Werte durchzusetzen. Genauso kann man an Verlage denken, die zwar auch auf dem Markt bestehen müssen, aber oft nicht nur ein kommerzielles Ziel erreichen wollen, sondern mit ihrem Programm zugleich Ausdruck ideeller Interessen – einer politischen oder religiösen Haltung – sind.

In Unternehmen, die mehr als nur Gewinnabsichten verfolgen, werden alle Produkte zu Medien, mit denen Botschaften verführerisch und wirkungsvoll – nach dem klassischen Prinzip des »delectare et prodesse« – verbreitet werden sollen. Statt die Renditen zu optimieren, wird viel Geld für die Befriedigung des eigenen Sendungsbewusstseins verwendet. Der erwünschte Profit besteht weniger in noch mehr Kapital als vielmehr in einer gewachsenen Zahl von Anhängern.

In den letzten Jahrzehnten wurden etliche Unternehmen ins Leben gerufen, deren Gründer zuerst vor der Alternative standen, sich in einer Partei oder auf der Straße zu engagieren, bevor sie sich dafür entschieden, ihre Ziele lieber in Form von Produkten publik zu machen und durchzusetzen. Das Bekenntnis zu bestimmten Werten ist dann kein nachträgliches Marketingkonzept, das einem Zeitgeist folgt; vielmehr kann eine Marke im besten Sinn zu einem Trendsetter werden und Aufmerksamkeit für Belange schaffen, die sonst unterzugehen drohen.

Als Prototyp einer derart aktiven Marke kann *The Body Shop* gelten, so wie sie 1976 von Anita Roddick gegründet wurde – und nicht verwechselt werden sollte mit dem, was davon übrig geblieben ist, seit sie 2006 Teil des *L'Oréal*-Konzerns wurde. Von Anfang an diente die Marke dazu, auf aktuelle Themen aufmerksam zu machen, die meist Roddick selbst bestimmte. Im Lauf der Jahre ging es dabei um so unterschiedliche Dinge wie die Rettung der Wale, den Einsatz für das durch Erdölbohrungen in Nigeria bedrohte Volk der Ogoni, Aktionen gegen Tierversuche in der Kosmetikindustrie oder Probleme sexueller Gewalt. Roddick scheute auch nicht davor zurück, andere Unternehmen – etwa *Shell* – anzugreifen, sah sich somit weniger als Teil eines vernetzten Wirtschaftssystems denn als Aktivistin, die nur mit anderen Mitteln kämpft als Demonstranten oder Politiker. Wie sehr sie kapitalistische Interessen ihren politischen Zielen unterordnete, wird daran deutlich, dass sie es »zu den größten Frustrationen« zählte, »dass uns die Medien und die Banken ständig nach unseren Profiten einschätzen, nach den Verkaufszahlen unserer Produkte, während wir seit jeher und noch immer nach unseren Aktionen in der Außenwelt beurteilt werden wollen«. Und noch prägnanter formuliert: »Nicht die Produkte waren für uns von Anfang an die prägende Kraft, sondern unsere Prinzipien.«[12]

Ihr Unternehmen wollte Roddick als eine »Art Bürgerinitiative« verstanden wissen, deren Produkte als eine »Triebkraft des sozialen und politischen Wandels« fungieren sollten.[13] Dahinter stand der Gedanke, dass jemand, der Geld für etwas ausgibt, auch eher zu einer Identifikation mit den damit verbundenen Werten zu bewegen ist. Die Marke wird so zu einem Ersatz für einen charismatischen Redner oder strengen Lehrmeister; sie bringt Menschen dazu, sich zu Zielen zu

[12] Anita Roddick: *Die Body Shop Story*, München 2001, S. 81.
[13] Ebd., S. 210, 214.

bekennen und dafür zu engagieren. Roddick ging so weit, ihre Marke nur »als Vehikel« anzusehen, »Werte in eine nicht wertorientierte Branche einzuführen«. Der Gebrauchswert ihrer Produkte war für sie hingegen sekundär, denn »kein Mensch *braucht* das, was wir verkaufen. Man könnte sich Mayonnaise ins Haar schmieren, um es zu festigen, und man kann Salz nehmen, um die Haut weicher zu machen.«[14] Erst wenn die profanen Kosmetikartikel politisch aufgeladen sind, besitzen sie für Roddick einen echten Mehrwert. Und erst dann gibt es aus ihrer Sicht einen guten Grund, sie zu kaufen, werde den Konsumenten doch die Chance eröffnet, »mit ihrem Einkauf eine Gewissensentscheidung [zu] treffen.«[15] So wenig für jenen Chinesen die Perlen eine Bedeutung besaßen und erst ihre Verpackung überzeugte, so wenig interessiert sich Roddick also für Duschgel oder Nachtcremes, solange mit ihnen nicht eine politische Aktion gepusht wird.

Auch *Patagonia*, Hersteller von Bergsteiger- und Sportbekleidung, bricht in der Unternehmenspolitik mit dem Monopol kapitalistischer Wachstumsziele. In Prospekten werden den Konsumenten die jeweils neuen Artikel nicht nur vorgestellt, sondern es wird zugleich an sie appelliert, sich zu überlegen, ob sie auf die Produkte nicht auch verzichten könnten: »Gewiss wollen wir unsere Produkte verkaufen. [...] Aber wir rufen unsere Kunden auch dazu auf, nur das zu kaufen, was sie wirklich brauchen. Alles, was wir produzieren – oder was sonst jemand produziert –, kostet den Planeten mehr, als es ihm zurückgibt.« Im Folgenden wird dann empfohlen, bereits vorhandene Produkte »besser zu nutzen« und »abgenutzte Artikel [...] zu reparieren«. Das Unternehmen bietet dazu sogar einen – weitgehend kostenlosen – Reparaturservice an. Schließlich wird der Kunde noch dazu ermahnt, Kleidung könne »länger getragen werden, als man glaubt«; wenn sie

[14] Ebd., S. 214 f.
[15] Ebd., S. 90.

aber wirklich kaputt sei, könne man sie an das Unternehmen zurückschicken, um sie dem Recycling zuzuführen.[16]

Natürlich bemüht man sich auch bei *Patagonia* um Transparenz und beklagt im Gegenzug die allgemeine Unwissenheit vieler Konsumenten. Sie zu überwinden, wird zur Voraussetzung für ein ökologischeres Handeln erklärt. Der Besuch der Läden gerät für den Kunden daher zum Absolvieren eines Aufklärungsparcours, allenthalben weisen Schilder auf den Wasserverbrauch einzelner Produktionsprozesse, auf die Herkunft von Ressourcen oder auf Recyclingprogramme hin. Und auch hier gibt es eine starke Gründerfigur, die zum Mythos erhoben wird: Yvon Chouinard, US-amerikanischer Kletterer, der *Patagonia* seit 1972 aufgebaut hat. In den Läden der Marke hängen Fotos, die ihn bei Expeditionen zeigen, und keine Produktbroschüre kommt ohne Bilder, Zitate, Legenden von ihm aus.

Daran zeigt sich aber auch der beschriebene Paradigmenwechsel. Sofern Unternehmen eigene Werte und Ziele proklamieren und sich nicht nur auf die Marktforschung verlassen, um einseitig gewinnorientiert zu agieren, verkörpern sich in ihnen Persönlichkeiten. Sie sind Urheber, geradezu Autoren der jeweiligen Unternehmensphilosophie. Und sie gestalten aus eigener Überzeugung ihre Produkte, statt diese nur an den – interpretierten – Wünschen von Konsumenten auszurichten. Eine Zeit, die auf Seite der Unternehmen von Transparenz und Idealen gekennzeichnet ist, wird somit auch eine Zeit sein, in der neue Typen von Heldengeschichten erzählt werden. Jeder erfolgreiche Gründer eines wertebasierten Unternehmens wird als kreative Figur gewürdigt werden, die Elemente eines Intellektuellen und eines Künstlers in sich vereint. Es dürfte nicht mehr lange dauern, bis das Genre der Unternehmerbiographie aus ähnlichen Topoi aufgebaut ist wie Künstlerbiographien – und bis Personen wie Anita Roddick

[16] Produktprospekt Patagonia, Herbst/Winter 2011, S. 22.

und Yvon Chouinard allgemein bewundert werden und zahlreiche mehr oder weniger begabte Nachahmer finden.

Neben den Gründern kommt in den Unternehmen, die nicht ausschließlich kapitalistisch ausgerichtet sind, aber auch all denen eine große Bedeutung zu, die für das Programm, für die Definition und Vermittlung der Werte zuständig sind. Aus Marketingmanagern werden Produktredakteure und Programmleiter, die, unabhängig von vorab eruierten Nachfragen, darauf achten, dass sich ihre Ideen und Ideale klar und attraktiv manifestieren. Sie nützen die Konsumprodukte als Instrumente der Aufklärung und Mobilisierung, vor allem aber, um Menschen zu beeinflussen und in ihrem Denken zu verändern. Künftig könnten es daher Unternehmen sein, die maßgeblich zur Meinungsbildung beitragen und für öffentliche Debatten sorgen. Sie sind dann vermutlich sogar wichtiger als die klassischen Medien, wenn es darum geht, Ideen in den Alltag – in die Handlungsabläufe – zu implementieren und Wege vom Wissen zum Handeln zu bahnen. Damit werden Produktredakteure viel Macht haben, und Produktchefredakteur einer großen Marke zu werden, wird das Ziel ehrgeiziger Intellektueller sein.

Doch sollte man eine solche Zukunft, in der es weniger um Wachstum als um Werte geht, nicht verklären. Immerhin werden nicht nur ökologisch und sozial Gesinnte ihre Bekenntnisse als Unternehmer ablegen, sondern genauso werden die Vertreter von Sekten und Inhaber extremer Ansichten, ja werden religiöse, weltanschauliche und politische Ideologen entdecken, dass man mit Konsumprodukten besser als mit Pamphleten und Predigten auf Menschen einwirken und Propaganda machen kann. Die von der Konsumkritik der 1960er und 70er Jahre so gerne behauptete Manipulation des Konsumenten wird in großem Stil erst dann beginnen. Auf dem Weg des Konsums wird es somit zu einer Reideologisierung der Gesellschaft kommen, an den Points of Sale werden Kämpfe über Welt- und Menschenbilder ausgefochten, jeder,

der nach Macht strebt, wird zuerst ein Label gründen und neue Produkte ersinnen.

Dann wird man vielleicht sogar den Zeiten des reinen Kapitalismus nachtrauern, als die meisten Unternehmen und Branchen – um es in der Formulierung Anita Roddicks zu sagen – noch nicht werteorientiert waren. Man wird sich, zumindest in Momenten, in denen man erschöpft ist von den ideologischen Auseinandersetzungen, die mit jedem Konsumakt einhergehen, daran erinnern, wie man früher einfach nur wählte, was halbwegs zu einem passte, aber nicht damit rechnen musste, zum Zielobjekt von Propaganda zu werden. Und man wird es im schlimmsten Fall vielleicht sogar elegant finden, dass Produzenten es sich leisten konnten, kein anderes Interesse zu haben als das eine und einzige, möglichst viel und immer noch mehr Geld zu verdienen.

Marianne Gronemeyer

DEM KONSUMISMUS TROTZEN! – DAS ABSEITS ALS WIRTLICHER ORT

Kann man dem Konsumismus trotzen? Kann man sich ihm kraftvoll entgegenstemmen? Es sind von gutgesinnten Menschen viele Versuche unternommen worden, das zu tun. Sie haben sich in herbem Verzicht geübt. Sie haben viel Anstrengung darauf verwendet, ihren ökologischen Fußabdruck zu verkleinern. Sie haben sich dem Recycling gewissenhaft gewidmet und über Nachhaltigkeit gegrübelt. Und bei alledem werden Wachstumsraten bejubelt und, wofern die nicht zu vermelden sind, ist Besorgnis fällig selbst bei denen, die dem Konsumismus tapfer trotzen. Man kann daraus schließen: Je mehr der Konsumismus attackiert wird, desto mehr breitet er sich aus. Statt ihm zu trotzen, müsste man ihm vielleicht aus dem Wege gehen, ihn meiden wie die Pest. Widerstehen kann man, indem man dem Gegner den Kampf ansagt oder indem man sich schlau von ihm fernhält, die Konfrontation mit ihm meidet, sich unter ihm wegduckt. Wie wäre es, sich dem Konsumismus gegenüber ohn-mächtig zu verhalten? Nicht ihm beikommen zu wollen, sondern seine Allmacht zu ignorieren, nach dem Vorbild der Bakairi. »Wenn die Bakairi (nämlich) mit ihrem Häuptling unzufrieden sind, verlassen sie das Dorf und bitten ihn, doch allein zu regieren.« Fraglich allerdings, ob wir noch in der Lage sind, es ihnen gleichzutun; ob es das jenseits des Dorfes, in das man sich absetzen könnte, überhaupt noch gibt?

Aber vielleicht ist es ja auch ganz anders. Vielleicht sind nicht die Vielverbraucher das Problem, sondern die Weltverbesserer. Vielleicht müssen wir unser Augenmerk auf sie lenken.

Ich will sprechen von der Weltoptimierung, die wir uns kaum noch anders vorstellen können, als dass wir die Welt – inklusive unserer selbst uns unseresgleichen – auf Konsumierbarkeit zurichten. Erstrebenswert ist demnach ein Zustand, in dem die Welt verbrauchsfertig, mühe- und zeitsparend parat liegt. Um dem Konsumismus auf die Spur zu kommen, müssen wir uns weniger für die gierigen Konsumenten interessieren als für die Phantasmen der Produzenten. Kurzum: Ich will die traurige Geschichte vom Möglichen, das wirklich werden will, erzählen. Denn das ist vielleicht das einzige Kraut, das gegen den Konsumismus gewachsen ist. Wenn auch vom Aussterben bedroht.

Das ist also meine Ausgangsthese: Das Mögliche will wirklich werden. Das mag Ihnen wie eine Binsenweisheit vorkommen. Kein Grund zur Aufregung, viel zu plausibel, um als These zu taugen. Aber unsere bereitwillige Zustimmung zu dieser Behauptung steht auf tönernen Füßen. Sie ist wahrscheinlich einem ungenauen Hinhören geschuldet. Der Teufel, der bekanntlich im Detail steckt, hält sich in dem unscheinbaren Wörtchen »will« verborgen. Stünde dort stattdessen ein »soll«, dann wäre tatsächlich dieser Satz ein Prachtstück aus dem Fundus moderner Selbstverständlichkeiten und zugleich eine Fanfare, die den Fortschrittsgeist beflügelt. Denn das ist der Grundimpuls der industriellen Gesellschaft, dass sie nichts von dem, was möglich ist, ungetan sein lässt: »Can implies Ought«, was der Mensch kann, das soll er machen.[17] Nun will ich aber nicht dem Möglichen, das wirklich werden soll, das Wort reden, sondern dem, das wirklich werden will: Das Mögliche *will* wirklich werden. Und auf einmal verschwimmt die Klarheit des Selbstbefehls, mit dem sich der Macher anfeuert, ins Metaphysische. Auf einmal treibt da ein Wollen sein Wesen, das ihm in die Quere kommt und eine Wirklichkeit zur Erscheinung bringen will, die nicht von seinem planenden Verstand veranlasst ist, ein Formwille, der sich *seiner* Wirkmächtigkeit *eigen*-willig entzieht, eine Keimkraft sui generis, die seinen Verstand entbehren kann und sein

[17] H. Ozbekhan: The Triumph of Technology (1966), zit. bei Erich Fromm: Anatomie der menschlichen Destruktivität, Stuttgart 1974, S. 35, Anm. 3.

Vorstellungsvermögen übersteigt, eben ein Mögliches, das wirklich werden will.

Mir kommt dabei das Gleichnis vom Sämann in den Sinn. Es steht in Matthäus 13.

Der Sämann ging aus, um zu säen, heißt es da. Und indem er das tat, fiel ein Teil der Saat auf den Weg, und die Vögel fraßen sie auf. Ein Teil fiel unter die Dornen, und die Keimlinge wurden erstickt. Manches fiel auf felsigen Grund und verdorrte. Was aber auf gutes Land fiel, gedieh und brachte Frucht, teils mehr, teils weniger.

Dies ist ein rares Beispiel eines Gleichnisses, das Jesus selbst interpretiert. Es handelt vom Hören des Wortes und wird aus der Perspektive des Sämanns erzählt, der eben ein guter oder schlechter Hörer sein kann, einer, bei dem das Gehörte verfängt oder einer bei dem es in ein Ohr rein- und aus dem andern wieder rausgeht.

Man kann das Gleichnis aber auch vom Saatkorn her deuten. Und dann sagt es, dass das Saatkorn alles, wozu es geschaffen und bestimmt ist, von sich aus kann, eine Pflanze hervortreiben, blühen, Frucht bringen und Mensch, Tier und Boden nähren, vorausgesetzt, dass es in eine gute, ihm gemäße Umgebung gerät. Es ist als Geschaffenes zugleich vollendet und im Werden: creatura, ein schöpferisches Geschaffenes, ein Geschöpf, das sein Ende (seine Bestimmung, sein Ziel) in sich selbst hat, aber dennoch nicht am Ende ist. Ein Geschaffenes, das *sich* weiter schafft. Welch ein herrlicher Widerspruch. Schon Sokrates vertraute darauf, dass in der Person, mit der er sich unterredete, die Wahrheit, die sie suchte, vorhanden war, die, um ans Licht zu kommen, allenfalls die Hebammenkunst brauchte, oft nicht einmal die.

Ganz anders der Macher. Er kann das Werden nicht sich selbst überlassen, sondern will es steuern und lenken. Er hat es nicht mit Kreaturen zu tun, die, um es salopp zu sagen, mancherlei in petto haben, sondern mit Rohstoff, rohem Stoff. Sein Metier ist die Alchimie, die aus Dreck Gold macht.

In unseren Schulen zum Beispiel hat sich das alchimistische Prinzip vollkommen durchgesetzt. Man kann daran verzweifeln, wie wenig dort auf das Mögliche, das in jedem einzelnen Kind schlummert, gesetzt wird. Erziehung bedeutet, aus Rohstoff Gold zu machen. Das »Menschenmaterial«, das da versammelt ist, muss durch Unterricht veredelt werden. Alles Wissenswerte muss den armen Schluckern, die alles schlucken müssen, eingetrichtert werden, und zwar allen das Gleiche, ohne Ansehen der Person, so die Grundannahme. Die Schule ist der Grundkurs in Sachen Konsumismus. Dort wird man zum belieferungsbedürftigen Mängelwesen entmächtigt.

Zwei ganz verschiedene Arten von Möglichkeit also, aus denen ebenso verschiedene Arten von Wirklichkeit hervorgehen, die eine gemacht und zum Konsum feilgeboten, die andere eigenmächtig geworden, oder besser: im Werden; je nachdem das Mögliche wirklich werden soll oder will. Und ich vermute, dass zwischen diesen beiden Sphären die Grenze zwischen Lebenskunst und Überlebenstechnik verläuft und die zwischen Daseinsmächtigkeit und Konsumabhängigkeit.

Die Zukunftsarrangeure und Weltverbesserungsexperten spüren unermüdlich neue Möglichkeiten auf, die dann geradezu nach Verwirklichung schreien. Weltverbesserer, das waren früher einmal belächelte Gestalten, die ohne viel Aussicht auf Gehör in der Wüste predigten. Heute haben sich die technischen, bürokratischen und wissenschaftlichen Eliten der Sache der Weltoptimierung angenommen. Sie predigen nicht, sondern handeln und verwandeln unablässig und hoch effizient Mögliches in Wirkliches. Sogar *Unmögliches* erst möglich und dann wirklich zu machen, stellen sie in Aussicht. Das ist natürlich ein toller Trick. Erst erklärt man etwas, auf dessen Realisierbarkeit man längst gewettet hat, für unmöglich, um es dann in Tat und Resultat doch in die Welt zu setzen. Und voilà: ein Wunder! Denn wenn das Unmögliche aller Erfahrung zum Trotz wahr wird, dann nennen wir das ein

Wunder. Und unser Laienverstand ist angesichts dieses technischen Wunderwerks gehalten, staunend und ehrfurchtsvoll vor dem Unerhörten zu stehen. Ganz beiläufig lernen wir dabei, die wissenschaftlich-technischen Errungenschaften wohltuend, ja heilsnotwendig zu finden und schließlich *nur noch* auf das technisch möglich Gemachte unsere Hoffnung zu setzen. Die Technik besetzt den leergeräumten Gottesthron. – Wir dürfen allerdings dabei den Begriff der »Technik« nicht zu eng fassen. Es soll darunter jener »netzhaft dicht gesponnene Zusammenhang«[18] (Theodor W. Adorno) aus Wissenschaft, Technik, Ökonomie und Bürokratie verstanden werden, der inzwischen weltweit installiert ist.

Tatsächlich ist das, was die Weltingenieure »unmöglich« nennen, keineswegs unmöglich, nur eben »*noch*-nicht-möglich«, ein »normatives Noch-Nicht« (Ivan Illich), ein »Zukunftsmanko« (Heinrich Dauber), das beseitigt werden kann und muss.

Ohne zu unterstellen, dass dasjenige, was technisch *noch nicht möglich* ist, demnächst, oder bald oder in absehbarer Zeit möglich sein werde, hätten ja die waghalsigen bis gewissenlosen Weltverbesserungsprojekte gar nicht Angriff genommen werden können. Und so wird also das Versprechen, es werde sich für alles, auch für die schädlichsten Nebenfolgen unserer verfahrenstechnischen Übergriffe eine wundersame technische Lösung finden lassen, zur Zukunftshoffnung schlechthin. »Soll Rettung kommen, so kommt sie nur so.«[19]

Aber die Geschichte lehrt tausendfältig, dass alle Errungenschaften, alle Siege über die Natur ihren Preis haben, reiner Gewinn ist schiere Illusion.

[18] Theodor W. Adorno: Erziehung nach Auschwitz, in: ders. Gesammelte Schriften, Bd. 10/2, Darmstadt 1998, S. 676.
[19] Dies ist eine Zeile aus der Ballade: »John Maynard« von Theodor Fontane.

Und während Technokraten jedweder Provenienz uns verheißen, sie werden Unmögliches möglich machen und so das Reich des Möglichen unablässig erweitern und das Terrain des Wirklichen beständig bereichern, tun sie genau das Gegenteil: Sie machen unendlich viel Mögliches endgültig unmöglich:

»Ein Kind auf den Straßen von New York«, schreibt Ivan Illich, »berührt niemals etwas, was nicht wissenschaftlich entwickelt, fabriziert, geplant und irgendjemandem verkauft worden ist. Sogar die Bäume sind dort, weil die Gartenbaubehörde beschlossen hat, sie dorthin zu setzen. Die Witze, die das Kind im Fernsehen hört, sind kostspielig produziert worden. ... Sogar Wünsche und Ängste werden institutionell gestaltet. Macht und Gewalt werden organisiert und gelenkt ... Selbst das Lernen wird als Konsum von Themen definiert, (Themen,) die (ihrerseits) das Ergebnis eines auf Forschung und Planung beruhenden Programms sind. ... Die poetische Überraschung des Ungeplanten kann ihm nur bei der Begegnung mit ›Dreck‹, bei Fehlschlägen oder Versagen zuteilwerden: die Orangenschale in der Gosse, die Pfütze auf der Straße, das Versagen von Ordnung, Programm oder Maschine sind die einzigen Ansatzpunkte für schöpferische Phantasie.«[20]

Der moderne Mensch hat es unternommen, eine Umwelt zu errichten, in der es »kommt, wie man denkt, weil man kann, was man will«.[21] Aber in dieser Welt kann er nur unter der Bedingung überleben, dass »er sich selbst ständig umgestaltet, um sich anzupassen an die Umstände, die er selbst etabliert hat. Wir müssen uns ... klarmachen«, sagt Illich, »dass der Mensch selbst auf dem Spiel steht«.[22]

[20] Ivan Illich: Entschulung der Gesellschaft. Eine Streitschrift, 4. Auflage, München 1995, S. 147 f.

[21] Peter Sloterdijk: Eurotaoismus. Zur Kritik der politischen Kinetik, Frankfurt a. M. 1989, S. 22.

[22] I. Illich a. a. O. S. 147.

In dem Kind aus Harlem regt sich seine eigene Möglichkeit, die wirklich werden *will*, kaum noch. Es ist ein Teil eines Masterplans, in dem es eine undurchschaute Funktion erfüllt und dem gegenüber es sich geschlagen geben muss. Wir müssen nicht denken, dass dies die besondere Not einer elenden Harlemer Kindheit ist. Einem Frankfurter, Wiener oder Genfer Kind ergeht es in dieser Hinsicht nicht besser. Es findet wahrscheinlich nicht einmal mehr eine Orangenschale in der Gosse, um seine schöpferische Phantasie zu nähren. Auch ist es nicht ein Spezifikum der Kinder, dass sie sich in einer allzu gemachten und durchdachten Umwelt vorfinden. Nur wird dies an ihnen, die doch noch ganz am Anfang stehen, besonders schmerzlich deutlich.

Dazu eine Episode, die von dem berühmten brasilianischen Volkspädagogen Paolo Freire berichtet wird. Er hatte, nachdem er als Persona non grata sein Land verlassen hatte, beim Weltrat der Kirchen in Genf einen Posten bekommen. Auf dem Genfer Flughafen erwartete er eines Tages die Ankunft seines Freundes Ivan Illich. Illich fragt ihn: Wie geht es Dir, Paolo? Freire zögert einen Augenblick mit der Antwort. Dann weist er auf den Boden und sagt: Als ich eben hier vorbeikam, lagen da in der Abflussrinne noch zwei Zigarettenstummel. Sie wurden aber bereits entdeckt und beseitigt. Tell me, Ivan, how can you be at home in a place as organized as that?«

Auch Freire konnte also in einer nahezu perfekt geplanten und verregelten, sauber polierten, raffiniert gesicherten, durch und durch artifiziellen Welt keine Lebenskunst praktizieren, ohne die man nun einmal nicht heimisch werden kann. Verwirrend genug übrigens, dass in einer gänzlich *künstlichen* Welt, die nur noch konsumiert werden kann, die Lebens*kunst* ausstirbt.

Aber ich spreche von der Lebenskunst, als gäbe es sie. Tatsächlich kann man jedoch nur im Plural von ihr reden. *Die*

Lebenskunst gibt es nicht. Es gibt so viele Lebenskünste, wie es Menschen gibt, die sich darin üben. In dem Augenblick, in dem wir ihr definitorisch beikommen wollen, haben wir bereits aus der Kunst ein Programm, eine Direktive gemacht und das Mögliche, das wirklich werden will, in eins das wirklich werden soll, umgewandelt. Es ist nicht von ungefähr, dass ich mit meinen Überlegungen schließlich bei diesem besonderen New Yorker Kind und bei Paolo Freire gelandet bin. Über Lebenskünste kann man recht eigentlich nicht theoretisieren, sondern nur Geschichten erzählen. Bestenfalls kann man die behindernden Bedingungen herauszufinden versuchen, die es dem Kind aus Harlem unmöglich machen, seinem »Möglichkeitssinn« (Robert Musil) nachzugehen, und es stattdessen zwingen, sich an die Welt der Waren und Institutionen, in die es hineingeriet, anzupassen um seines Überlebens willen. Wir wissen nicht, wovon dieses Kind hätte träumen können, welches Blaue es sich vom Himmel heruntergewünscht hätte, welche Möglichkeiten, Talente, Fähigkeiten, Begabungen sich in ihm geregt hätten, wenn es in einer weniger veranstalteten und verunstalteten Welt hätte aufwachsen können. Denn wir kennen es nicht und können es nicht fragen. Und könnten wir es fragen, so müsste uns seine ausgezehrte Phantasie wahrscheinlich die Antwort schuldig bleiben.

Aber wieso sind die Pfützen auf der Straße und der Dreck in der Gosse, wieso sind Pleiten, Pech und Pannen möglichkeitsträchtiger als propere, gut organisierte Verhältnisse, in denen zumindest das meiste klappt und wie am Schnürchen läuft. Ist es nicht eine nostalgische Verirrung, wenn wir die menschengemachte Umwelt gegen eine irgendwie naturbelassene oder sich selbst überlassene ausspielen? Und wieso steht der Mensch auf dem Spiel, wenn er sich an seine Lebens-Umstände anpasst? Ist nicht Lebenskunst gerade die Fähigkeit, mich mit den Gegebenheiten meines Daseins zu arrangieren und aus ihnen das Beste zu machen, ohne zu verzagen?

Warum also sollte man in kulturpessimistischer Manier die ausgeklügelten Weltverbesserungsanstrengungen verteufeln? Ganz einfach: weil sie teuflisch sind.

Das ist eine steile Behauptung, die begründet sein will. Es gibt indes viele gute Gründe, die sich überschlagenden Resultate des ehrgeizigen Optimierungsprojektes höllisch zu finden; eine »Hölle, in der wir tagtäglich wohnen und die wir durch unser Zusammensein bilden«, wie Italo Calvino sagt.[23] Die globalen Katastrophen und Krisen, die Indienststellung ganzer Weltareale für das Wohlleben der Reichen, die immer rasender werdende Beschleunigung, unter der immer mehr Menschen in die Knie gehen, sind nur die auffälligsten Indizien dafür, dass die Hölle mitten unter uns ist oder wir in ihr.

Zum Höllenszenario gehört aber auch, dass unsere Alltagswelt so undurchschaubar geworden ist, dass wir *in* ihr und *von* ihr nichts mehr lernen können, sondern mit allerlei Bedienungsanleitungen *über* sie belehrt werden müssen, und zwar lebenslänglich; dass wir, statt Künstler zu sein, zu Kunden mutiert sind; dass wir von einer wuchernden Sicherheitssorge befallen sind, die uns jede Überraschung als Anschlag auf Leib und Leben beargwöhnen lässt; dass wir einander nicht trauen können, weil jeder oder jede Andere potenzielle Rivalen sind.

Das alles ließe sich allerdings notfalls noch unter das »Menschliche, Allzumenschliche« (Friedrich Nietzsche) subsumieren, statt es dem Teufel anzuhängen. Wovor es uns aber wirklich grauen muss, ist, dass der letzte, heute schon kaum noch geheim gehaltene Zweck des großen Fortschrittsprojektes einer durch und durch menschengemachten Welt im Menschenersatz besteht. Es geht darum, den »antiquierten Menschen« (Günter Anders) endgültig entbehrlich zu machen, eine selbstgängige Maschinerie zu installieren, in die er allenfalls noch als jederzeit austauschbares Funktions-

[23] Italo Calvino: Die unsichtbaren Städte, München/Wien 1984, S. 192.

partikel eingeklinkt ist, und zu guter Letzt vom Menschenersatz zum Ersatzmenschen fortzuschreiten.

Bei der Ersetzung der Menschen durch die Sachen entsteht dieses neue Herrschaftsverhältnis, das wir halb beschwichtigend, halb resignativ »Sachzwänge« nennen, eiserne Zwänge, die von den selbst gemachten Sachen ausgehen und gegen die – angeblich – kein Kraut gewachsen ist und keine Politik etwas vermag. Sie sind einfach stärker als wir, »alternativlos« eben (so die zum Unwort des Jahres 2010 erklärte politische Parole). Diese Sachzwänge hatte Illich im Sinn, als er von der Anpassung sprach, bei der der Mensch selbst auf dem Spiel stehe. An sie angepasst zu werden, ist etwas ganz anderes, als sich an die Gegebenheiten des eigenen Daseins und an die Conditio humana anzupassen.

Anpassung und Anpassung sind wirklich zweierlei. Das zu durchschauen, ist allerdings gar nicht mehr leicht. Denn wir haben es zugelassen, dass in unserer Alltagssprache der entscheidende Unterschied zwischen »sich anpassen« und »angepasst werden« bis zur Unkenntlichkeit verwischt wurde, ebenso wie der zwischen »sich bilden« und »gebildet werden«, »sich heilen« und »geheilt werden«, »sich bewegen« und »bewegt werden«, »sich fernhalten« und »ferngehalten werden«. Wir haben uns damit abgefunden, beides für ungefähr dasselbe zu halten. Für den dramatischen Bedeutungsunterschied zwischen dem reflexiven und dem passiven Gebrauch unserer Verben sind wir nicht mehr hellhörig. Tatsächlich aber geben wir uns damit als handelnde Menschen auf und begnügen uns damit, behandelte zu sein. Diese Nachlässigkeit disponiert uns dazu, uns unter Zwang frei zu wähnen. Wir tun so, als würden wir uns bilden, während wir zensiert werden, uns bewegen, während wir transportiert werden, und unser Leben führen, während wir an der Nase herumgeführt werden: Du glaubst, du schiebst, und wirst geschoben, du glaubst, du lebst, und wirst gelebt. Wir genügen dem Anpassungszwang in der Geste der Frei-Willigkeit, und damit erübrigt sich jeder Widerstand auf unserer Seite und jede manifeste Gewalt auf der anderen. Das ist das Wesen eleganter Macht, dass die Untertanen wollen, was sie sollen, und in fideler Anpassungsbereitschaft für ihre Versachlichung und Verwertbarkeit selber sorgen. So bleibt die Macht inkognito.

Die Wirklichkeit, die da verfertigt wird, *erzwingt* die Anpassung an die Logik der Maschine, aber die Frage, wer der *Zwingherr* ist, lässt sich nicht mehr beantworten, wenn wir es mit der Macht des Faktischen zu tun haben: Ja, deren Zwang wird überhaupt geleugnet. Die Maschine ist zum Faszinosum geworden und der tätige Mensch steht als beschämter Stümper da. Karl Polanyi spricht von einer bereitwilligen, ja enthusiastischen Unterwerfung unter die Maschine[24] und Erich Fromm von Nekrophilie, von der Liebe zum Leichenhaften, zum Erstorbenen, zum Erkalteten und Toten, der bösartigsten unter den bösartigen Aggressionen.[25] Wir sind von Tatsachen umstellt, von Sachen, die das Ergebnis maschineller Produktion sind und das menschliche Tun zu bloßem Funktionieren verkümmern lassen. »Ein Mensch kann sich auch sein Tun stehlen lassen«, stellt Ronald D. Laing erschrocken fest.[26] Und da Tun und Erfahrung sich wechselseitig bedingen, kommen dem um das Tun Betrogenen auch die Erfahrungen abhanden. Denn: »nur durch (…) (Tun) kann unsere Erfahrung transformiert werden« und umgekehrt. Unser Tun hat den Aggregatzustand von Tat-Sachen angenommen, und die stehen wie versteinert dem Möglichen, das wirklich werden will, als Hindernisse im Wege. Je lebloser und erstorbener die Welt der *Tatsachen* ist, je mehr in ihr alle Spielräume verbarrikadiert sind, desto mehr wird sie dann in toto in Rotation und

[24] Karl Polanyi: Kritik des ökonomistischen Menschenbildes, in: Technologie und Politik Nr. 12, Reinbek 1978, S. 109.
[25] Erich Fromm: Anatomie der menschlichen Destruktivität, Stuttgart 1974, S. 310 ff.
[26] Ronald D. Laing: Phänomenologie der Erfahrung, Frankfurt 1969, S. 23 und S. 17.

Raserei versetzt, um im dröhnenden Getriebe die Erstarrung vergessen zu machen: rasender Stillstand, Tanz auf dem Vulkan. Ein grandioses Spektakel.

Lebenskunst, das Andere des Konsumismus, ist nicht spektakulär und nicht grandios. Wer sich in ihr üben will, stößt an Grenzen; solche, die die Conditio humana, das Mensch-Sein, uns auferlegt und solche, die aus unserer jeweiligen persönlichen Mitgift erwachsen. Diese Daseinsgrenzen erfahren wir als Unzulänglichkeiten, als Makel und Defizite, die uns daran hindern, das Beste aus uns zu machen. Und ganze Heerscharen von Dienstleistern versprechen, uns Daseinskrüppeln doch noch zur »best performance« zu verhelfen, für teures Geld, versteht sich. Dabei sind unsere Begrenzungen vielleicht das Beste an uns. Mehr als unseren Talenten verdanken wir ihnen unsere Einzigartigkeit; oder vielleicht dieser jeweils besonderen Mischung aus Begrenzung und Begabung, die jeder/jede Einzelne von uns verkörpert. Auf unsere Beschränkungen auf je eigene Weise zu antworten, *mit* ihnen und nicht *gegen* sie zu leben, darin könnte Lebenskunst bestehen. Der Unterschied zu den Sachzwängen ist hoffentlich deutlich. Auf Sachzwänge kann man nicht antworten. Mit ihnen kann man sich auch nicht anfreunden. Ihnen ist man ausgeliefert.

Ich müsste lernen, die eigenen Begrenztheiten gut leiden zu können und sie als *meine* Lebensaufgabe, als das mit mir Gemeinte anzunehmen – so wie ich zu jemandem, dem ich wohlgesonnen bin, sage: »Ich kann dich gut leiden. Ja, natürlich, ich leide an dir, immer wieder einmal: Aber um deinetwillen und weil du es bist, kann ich es gut.«

Tatsächlich erlebe ich mich als *defizitär* ja nur, weil ich mich in dieser oder jener Hinsicht an den Normalitätsstandards vergehe. Aber wer setzt die? Wer macht aus meiner Eigenart ein Normalitätsmanko? Es sind machtvolle Expertenkasten, die dekretieren, was in einer Gesellschaft als normal zu gelten hat und was als intolerable Abweichung, die behandelt werden muss. Ihre Macht zu erkennen, ohne sie anzuerkennen, darauf käme es an. Drei Zeugen will ich zu Hilfe rufen, die uns dazu ermutigen können: einen russischen Dichter, einen wunderbaren Schweizer Schriftsteller und einen antiken Philosophen.

Der russische Dichter ist Jewgeni Jewtuschenko. Er schrieb in dem Gedicht »Uninteressante Menschen gibt es nicht«:

»Es gibt keine uninteressanten Menschen auf der Welt.
Ihre Schicksale sind wie die Geschichten der Planeten:
Ein jeder ist unwiederholbar,
Und es gibt keine Planeten, die ihm ähnlich sind.

Und wenn jemand unbemerkt gelebt hat,
Und mit dieser Unbemerkbarkeit befreundet war,
Dann war an ihm unter den Menschen
Gerade seine Unbemerkbarkeit interessant.« …[27]

Wenn wir diesem Satz zustimmen, dass es keine uninteressanten Menschen auf der Welt gibt, können wir sagen, dass der Einzelne zum Wohl seines Gemeinwesens weniger durch das beiträgt, was er *leisten* kann, als durch das, was er an sich und an anderen *leiden* kann. Dann wären nicht die Leistungsträger, sondern die Leid-Tragenden ehrfurchtgebietend.

Bei dem Schweizer Schriftsteller Gerhard Meier fand ich den verblüffenden Satz: »Jeder anständige Mensch hat gewisse Verrücktheiten an sich.«[28] Im Umkehrschluss heißt das: Wer nicht wenigstens ein bisschen verrückt ist, wer also ganz nor-

[27] Zit. nach Ivan Illich: »Die Wiedergeburt des epimetheischen Menschen«, in: ders., Entschulung der Gesellschaft, 4. erweiterte Auflage, München 1995, S. 157.
[28] Gerhard Meier / Werner Morlang: Das dunkle Fest des Lebens, Amrainer Gespräche, 4. Auflage, Oberhofen 2007, S. 234.

mal ist, der ist unanständig. Denn er betrügt das Gemeinwesen, dem er angehört, um jenes Quäntchen Verschiedenheit, das nur er oder sie allein beisteuern könnte zur Vielfalt des Ganzen.

Denn das sagt nun Aristoteles: Eine Stadt werde aus unterschiedlichen Menschen gemacht, ähnliche Menschen brächten keine Stadt zuwege.[29] Ein Gemeinwesen ist umso kunstvoller und auch beständiger, je mehr Verschiedenheit es nicht nur erträgt, sondern sucht und ermuntert. Ohne diese Verrücktheiten seiner einzigartigen Mitglieder muss es über kurz oder lang implodieren. Hüten wir uns also vor der Verherrlichung des Normalen, allzu Normalen.

Die Welt, so Illich, ist so beschaffen, dass sie viele Verrücktheiten aushält, wenn nur niemand seine Verrücktheit zum Maßstab für alle anderen macht. Und wir Menschen sind an sich gut geeignet, unser Leben auch unter schwierigen Bedingungen zu meistern, wenn wir nur nicht systematisch durch die »Wohltaten« der konsumistischen Gesellschaft daran gehindert werden.

Was möglich ist, will wirklich werden? Unter den gegebenen Umständen müssen wir den Satz umkehren: Das in uns und um uns zu Tode Verwirklichte will seine Möglichkeit wiederhaben.[30]

Aber das zu Tode Verwirklichte kann das aus eigener Kraft nicht einmal mehr wünschen. Zu meiner Auferstehung brauche ich ein Du, das auf mich hofft und mir traut und bereit ist, sich von mir überraschen zu lassen.

Was aber wären das für Orte, Gelegenheiten, Szenerien, die es uns erlaubten, Lebenskunst zu üben, anstatt dem Konsumzwang anheimzufallen.

[29] Aristoteles zit. bei Richard Sennett: Fleisch und Stein. Der Körper und die Stadt in der westlichen Zivilisation, Berlin 1995.

[30] Vgl. hierzu: Giorgio Agamben: Die Zeit, die bleibt. Ein Kommentar zum Römerbrief, Frankfurt 2006, S. 51.

Kürzlich fiel mir ein Buch mit dem anfeuernden Titel »Raus aus der Nische – rein in den Markt«[31] in die Hände. Das klingt als sozialpolitische Zielsetzung zunächst durchaus zustimmungsfähig, denn es verweist auf den Skandal, dass immer mehr Menschen auch in den reichen Gesellschaften eine gerade noch geduldete Nischenexistenz am Rande der Gesellschaft führen müssen. Ihnen soll der Weg zurück in die Mitte der Gesellschaft gebahnt werden. »Inklusion« ist heutzutage die korrekte politische Forderung der Gutwilligen, die ihre Parteilichkeit für die Schwachen bekunden wollen. Einen Zugewinn an Autonomie, an Handlungs- und Entscheidungsspielraum können wir uns eigentlich nur als *Aufstieg in* der Systemhierarchie denken, nicht als *Ausstieg aus* ihr.

Aber wer soll denn da wohinein integriert oder inkludiert werden? Die Frauen in die Männerwelt, die Habenichtse in die Konsumwelt, die Arbeitslosen in die Welt der »Leistungserbringer«, die Kranken in die Welt der Gesunden, die Alten in den Jugendwahn, die Fremden in die dominante Kultur der Ansässigen, die Schwachen in die Welt der Starken, die Scheiterer in die Welt der Funktionstüchtigen und die Verlierer in die Welt der Sieger?

Die Männerwelt der Konkurrenz um Karrieren wird aber ja um nichts besser, wenn Frauen da auch noch mitmachen. Die gesellschaftliche Arbeit, die unsere Lebensgrundlage zerstört, wird nicht weniger zerstörerisch, wenn auch die Arbeitslosen noch daran mitwirken. Die Fremden werden nicht verträglicher, wenn sie in eine erbarmungslose Gesellschaft eingegliedert werden. Was ist das für eine Gesellschaft, in der alles Scheitern, alle Schwäche, alle Krankheit nur als eine Minderform des Seins gilt und in der alles »Nein« nur als irrationale Vorform eines globalisierten »Ja« erscheint? Durch Integration aller in eine inhumane Gesellschaft wird diese nicht humaner.

[31] Schader-Stiftung (Hg.): Raus aus der Nische – rein in den Markt, Darmstadt 2008.

»Es gibt immer Orte zu finden, die leer von Macht sind. Die institutionelle Umklammerung des Lebens ist zu Anteilen Schein«,[32] schrieb Peter Brückner zugunsten des Abseits sogar über die Zeit des Nationalsozialismus. Man müsste die Stirn haben, die Allmacht des Systems zu ignorieren. »Bange machen gilt nicht!« war eine Art Zauberformel unserer Kindheit, mit der wir einen übermächtigen Gegner »entwaffneten« und uns selbst Mut zusprachen. Aber wie geht das?

Womöglich sind heute Nischen, leer von Macht, nicht mehr zu *finden*, sondern erst zu *gründen*.

Fazit: Die auf Veränderung dringende Forderung heißt heute nicht *»Integration«*, sondern Desintegration oder genauer: *»Desertion«*. Das Abseits ist ein Ort für Systemdeserteure. Der Deserteur ist der »Nicht-mehr-Mitmacher« par excellence; er ist Befehlsverweigerer, er entzieht dem Machthaber seine Mittäterschaft, indem er sich heimlich, still und leise, vor allem aber unerlaubt von der Truppe entfernt. Das steht nicht nur unter Höchststrafe, sondern gilt obendrein als feige und ehrlos.

Was sind das für Orte, die leer sind von Macht? Sie sind nicht exterritorial, nicht abgelegen in unbesiedelten Weltgegenden, sie können fast überall entstehen, mitten im Hochbetrieb der Normalität, auch in der Schule, in der Fabrikhalle und im Krankenhaus. Das Abseits hat viele Gesichter, manchmal besteht es nur in einer lebensrettenden Geste der Freundlichkeit. Es ist nicht von Ungefähr, dass sich so gar nichts Genaues darüber sagen lässt. Denn Orte, leer von Macht, entstehen erst dadurch, dass da Menschen sind, die sie mit ihrer Anwesenheit füllen. Sie sind so unterschiedlich wie die Menschen, die sie besiedeln. Sie werden aus einer tiefen Abneigung gegen Gleichmacherei, Vereinheitlichung und Reih und Glied erschaffen. Es sind Stätten, in denen Menschen so zusam-

[32] Brückner, Peter: Das Abseits als sicherer Ort, Berlin 1982, S. 16 f.

menwirken, dass nicht alles, was man zum Leben braucht, Geld kostet. Was umsonst ist, hat dort einen größeren Wert, als was man kaufen muss. Fürsorge ist wichtiger als Vorsorge. Kooperation und Teilen sind existenznotwendig, ebenso wie das Zusammenspiel verschiedenster Könnerschaften und Talente. Das, was das Abseits aus dem Blickwinkel der Herrschenden verächtlich und aus dem Blickwinkel der von Ausschluss Bedrohten furchterregend macht, erscheint den Systemdeserteuren gerade als das Rettende. Ihre Nicht-Zugehörigkeit verheißt ihnen ein Stück Freiheit, Ohn-Macht – jene Haltung, die nichts begehrt von dem, was die Macht verwaltet, am allerwenigsten die Macht selbst – gilt ihnen als radikale Form des Widerstandes. Sie fordern ein Recht auf Armut inmitten einer vom Immer-Mehr gepeitschten Gesellschaft. Zeit ist im Abseits nicht Geld, sondern Zeit. Und Arbeit ist nicht Erwerbsarbeit, sondern *Eigenarbeit*. Um nicht missverstanden zu werden: Dies ist kein Mäßigungsappell an die Elenden und Ausgebeuteten, sondern an die entmündigend gut Versorgten. Nicht jeder Penny, den wir nicht haben, aber jeder, den wir nicht brauchen, bedeutet einen winzigen Gewinn an Freiheit, während wir doch glauben sollen, dass viel Geld viel Freiheit einbringt.

Die Schriftstellerin Birgit Vanderbeke hat einen Roman geschrieben, dessen Titel schon eine Rebellion gegen die Allmacht des Systems ist: »Das lässt sich ändern«. Das ist eine wiederkehrende Aussage des Protagonisten angesichts auftretender Schwierigkeiten in den Alltagsroutinen. Von Adam, so heißt er, wird schon gleich auf der ersten Seite gesagt, dass er »immer schon draußen« war.[33] Eigentlich müsste man ihn einen Langzeitarbeitslosen nennen, wenn er nicht so unglaublich viel zu tun hätte. Der ganze Roman liest sich – ein wenig zu lehrhaft für einen Roman vielleicht – wie

[33] Birgit Vanderbeke: Das lässt sich ändern, 2. Auflage München/Zürich 2011, S. 7.

eine Anleitung zur »allmählichen Verfertigung des Abseits beim Tun«. Es ist die Geschichte einer schrittweisen Minderung des Geldbedarfs durch Eigenarbeit. Und da man »von draußen … manches klarer (sieht), als wenn man drinnen ist«[34], wusste Adam ziemlich genau, worauf es dabei ankommt:

Man muss – erstens – strikt darauf achten, nicht zu »vertrotteln«. Das ist gar nicht so einfach, denn »du wirst sehen, in zwanzig Jahren haben sie uns alle so weit verblödet, dass wir nur noch Knöpfe drücken können. … und zu blöd zum Kartoffelschälen wären und nicht einmal mehr einen Knopf würden annähen können.«[35]

Man muss – zweitens – eine Art Sperrmüllgesinnung ausbilden, gute Dinge, solche die brauchbar, haltbar, nicht elektronisch verseucht und keine Energiefresser sind, bewahren und sich in ihrem Gebrauch üben: »Er konnte an keinem Sperrmüll vorbei, ohne nachzusehen, ob etwas drin wäre, ein Werkzeug, ein Hobel, ein Ersatzteil, eine angebrochene Rolle doppelseitiges Klebeband … irgendwann würde er es bestimmt brauchen können.«[36]

Man muss – drittens – den Kindern behilflich sein, nicht zu verblöden, indem man sie am Ernst des Lebens teilhaben lässt, statt sie in den Schonraum einer verschulten Kindheit abzuschieben.

Und – viertens – muss man sich von Menschen in dem, was man kann, beanspruchen lassen und sie im Gegenzug seinerseits beanspruchen: Verschiedene Vermögen verschiedener Menschen sind zu gegenseitigem und gemeinschaftlichem Nutzen in Umlauf zu bringen. Lauter Attitüden, die nicht sehr populär sind in modernen Lebenszuschnitten und eben deshalb konstitutiv für die Kultur des Abseits.

[34] B. Vanderbeke a. a. O. S. 13.
[35] Ebd. S. 28 und 30.
[36] Ebd. S. 27.

Dass die Gemeinschaft, die sich nach und nach zusammenfindet, sich vom »Markt« gänzlich loseisen könnte, macht die Autorin ihren Lesern nicht weis. Alle Akteure bleiben in die Logik des Marktes und der Geldwirtschaft verstrickt. Aber ihre Bewegungsrichtung hat sich geändert. Sie wollen nicht mehr rein in den Markt, sondern raus aus ihm, das heißt, sie versuchen, dem Markt so viel Zeit, so viel Arbeitskraft und so viel Kaufkraft wie möglich zugunsten der Eigenarbeit zu entziehen. Schon das allerdings – und auch darin ist die Geschichte realistisch – fordert das System heraus. Es zeigt Zähne und will Loyalität erzwingen. Im Handumdrehen wird die Eigenarbeit der gegenseitigen Hilfe zur Schwarzarbeit erklärt. Und ebenso rasch liegt der Vorwurf der Steuerhinterziehung in der Luft. Die Abweichung von dem, was üblich ist, macht das bunte Völkchen auch in seiner ressentimentgeladenen Umwelt verdächtig und zum Objekt der Anfeindung. Seine Lebensordnung wird als ordnungswidrig, mindestens als Verstoß gegen das Schickliche eingestuft und erregt Anstoß. Es findet sich eben immer jemand, »der die Bullen ruft. Schwarzarbeit, Kinderarbeit, was weiß ich. Keine Zulassung. Keine Lizenz. Die Kanalisation. Die Europanorm. Der Sortenkatalog. Die Hygiene. Die Sicherheit. Wenn das alle so machen würden.«[37]

Systemdeserteure müssen sich in Verschwiegenheit und Geheimhaltung üben, um den Riesenappetit des Systems nicht zu reizen. Und auch damit wird ein Gesetz, das im System gilt, auf den Kopf gestellt. Widerstand *im* System gewinnt an Kraft, je mehr Aufmerksamkeit er auf sich zieht. Je mehr die Medien sich darum reißen, Bericht zu erstatten, je öffentlicher der Protest ist, je einprägsamer die Bilder, die er den Medien liefert, je imposanter die Zahlen der Neinsager, desto mehr Wirkung zeitigt er. Die Abseitse hingegen tun gut daran, sich

[37] B. Vanderbeke a. a. O. S. 145.

eine Art Mimikry zu verordnen. Ihr Markenzeichen ist ja gerade, dass sie vom Großen und Ganzen *nichts* verlangen. Nur in Ruhe gelassen wollen sie werden. Und dafür ist es am besten, unauffällig zu bleiben. Der Moskauer Soziologe Theodor Shanin ging mit einer Schar von erkenntnisdurstigen Studenten nach Sibirien, um einem Geheimnis auf die Spur zu kommen. Immer wieder sickerten Berichte durch, dass dort fernab von der Metropole oft monatelang an die öffentlich Bediensteten keine Gehälter gezahlt wurden. Lehrer, Polizisten, Postangestellte und Krankenhauspersonal warteten vergeblich auf ihren Lohn. Wie kommt es, fragte Shanin sich und seine Studenten, dass die Menschen nicht scharenweise hungern, die Kinder nicht barfuß laufen und unbeschult sind, die Kranken nicht unversorgt bleiben und die öffentliche Ordnung nicht zusammengebrochen ist? »Wir wissen, wie sie es machen, wir haben es herausgefunden«, teilte er mit. Und als wir, seine Zuhörer auf einem Bremer Symposium im Jahr 2004, gespannt auf die Antwort warteten, fügte er hinzu: »Aber wir werden es nicht verraten.«

Zu den AutorInnen

Wolfgang Ullrich

Geboren 1967 in München. Studierte Philosophie, Kunstgeschichte, Logik/Wissenschaftstheorie und Germanistik. Promotion 1994 mit einer Dissertation über das Spätwerk Martin Heideggers. Arbeit als Dozent, Autor, Unternehmensberater. Seit 2006 Professor für Kunstwissenschaft und Medienphilosophie an der Staatlichen Hochschule für Gestaltung in Karlsruhe. Forschungen und Publikationen zur Geschichte und Kritik des Kunstbegriffs, zu bildsoziologischen Fragen und zur Konsumtheorie. Bücher zur Konsumtheorie: »Habenwollen – wie funktioniert die Konsumtheorie?« (Frankfurt/Main, 2006), »Wohlstandsphänomene – eine Beispielsammlung« (Hamburg, 2010), »Alles nur Konsum – Kritik der warenästhetischen Erziehung« (Berlin, 2013).

Marianne Gronemeyer

Geboren 1941 in Hamburg. Acht Jahre Lehrerin an einer Haupt- und Realschule. Studium der Sozialwissenschaften an den Universitäten Hamburg, Mainz und Bochum. Dissertation »Motivation und politisches Handeln« (Hamburg, 1976). Von 1971 bis 1977 Friedensforschung an der Universität Bochum im Auftrag der Deutschen Gesellschaft für Friedens- und Konfliktforschung. Habilitationsschrift »Die Macht der Bedürfnisse« (Reinbek, 1988). 1987 bis 2006 Professorin für Erziehungs- und Sozialwissenschaften an der Fachhochschule Wiesbaden. 2011 Salzburger Landespreis für Zukunftsforschung und 2013 Preis der Dr.-Margrit-Egnér-Stiftung (Zürich) für anthropologische Psychologie. Zahlreiche Publikationen, u. a. »Das Leben als letzte Gelegenheit« (Darmstadt, 1993, 5. Auflage, 2014), »Lernen mit beschränkter Haftung« (Berlin, 1996 und Darmstadt, 1997), »Immer wieder neu oder ewig das Gleiche? Innovationsfieber und Wiederholungswahn« (Darmstadt, 2000), »Die Macht der Bedürfnisse –

Überfluß und Knappheit« (Darmstadt, 2002), »Simple Wahrheiten und warum ihnen nicht zu trauen ist« (Darmstadt, 2006), »Genug ist genug – über die Kunst des Aufhörens« (Darmstadt, 2008), »Wer arbeitet, sündigt – ein Plädoyer für gute Arbeit« (Darmstadt, 2012).

Kunst | Wissenschaft | Gesellschaft
Quer denken herausgegeben von
Horst Peter Groß im Wieser Verlag

Band 1
Horst Peter Groß / Wolfgang Ullrich
Kunst. Wissenschaft. Gesellschaft.
Ein kulturstiftender Zusammenhang?
ISBN: 978-3-99029-040-8

Band 2
Franz Wuketits / Peter Heintel
Die (Natur-)Geschichte von Gut und Böse
ISBN 978-3-99029-042-2

Band 3
Bazon Brock / Konrad Paul Liessmann
Ein optimistischer Blick auf den Pessimismus
ISBN: 978-3-99029-048-4

Band 4
Manfred Bockelmann / Willibald Dörfler
Phantasie und Konstruktion von Möglichkeiten
ISBN: 978-3-99029-085-9

Band 5
Kurt Kotrschal / Gerhard Schwarz
Die Wesensentstehung des Menschen im Naturbezug
ISBN: 978-3-99029 086-6

Band 6
Konrad Paul Liessmann / Thomas Daniel Schlee
Grenzen (in) der Kunst
ISBN: 978-3-99029-122-1

Band 7

Herbert Pietschmann / Peter Heintel

Das Ganze und seine Teile – die Elemente und das Elementare

ISBN: 978-3-99029-141-2